AF297359

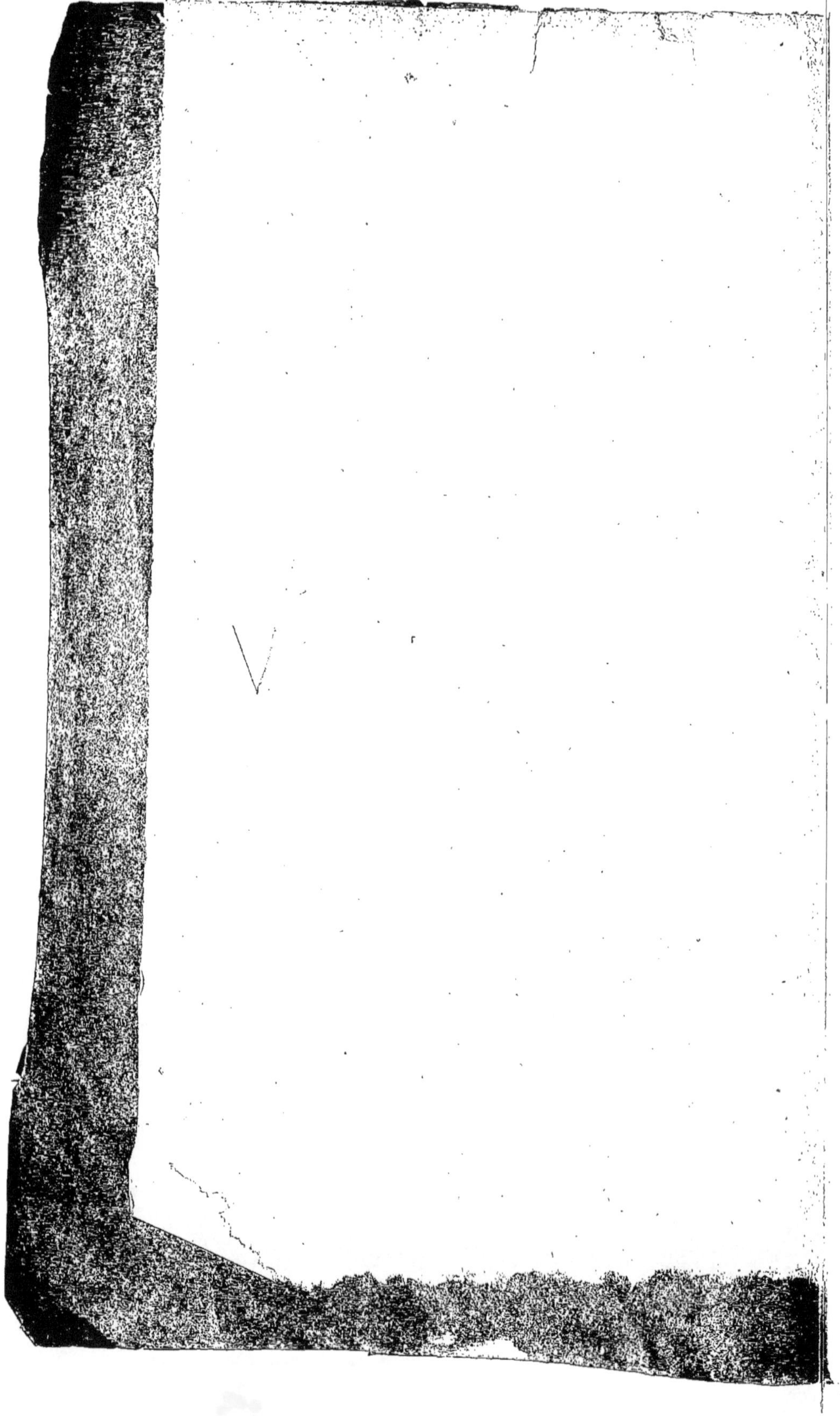

Céte verité a esté reconuë par un Philosophe Payen, a qui l'on demanda ce que c'estoit que Dieu; car ayant premierement requis un jour de terme pour y penser, lors que le jour fut expiré, il en demanda deux autres; aprés ceux-là, il en demanda quatre, & continua ainsi assez long-temps, augmentant à chaque fois le nombre des jours qu'il luy faloit pour mediter sur une question si relevée; tant qu'enfin, estant pressé de dire pourquoy il differoit si long-temps à répondre, il confessa ingenûment, que plus il consideroit la nature de Dieu, & moins il la pouvoit comprendre. Et en effet, l'experience nous enseigne, que ceux qui contemplent le soleil avec le plus d'attachement, & lors qu'il est en son midi, font les moins capables de discerner ce qu'il est; ils demeurent plus éblouïs qu'instruits par la veuë d'un object si confondant. Et, Lindamor, ce n'est pas seulement une tasche trop difficile, à un homme naturel, d'expliquer parfaitement céte incomprehensible nature de la Divinité, que Dieu, par son entendement infini est seul capable de comprendre: Mais il me semble aussi qu'on ne peut pas,

fans

fans crime, entreprendre de celebrer fes perfections infinies, à moins
que d'avoir à même temps un profond fentiment de l'indignité & de
l'incapacité de la nature humaine :
Car ces mêmes excellences, qui nous
fourniffent matiere de le loüer, font
infiniment au deffus des louanges;
& la fecondité du fujet peut auffi juftement nous diffuader d'en écrire,
comme elle nous y peut inviter ; car
fi nous fommes affurez de ne pas
manquer de matiere, nous fommes
affurez auffi que nous ne la pouvons
enrichir. Et pour moy, Lindamor,
quoy que mon fujet m'obligeaft aux
louanges, que j'ay tâché d'attribuer
à Dieu, je croirois pourtant qu'il
euft mieux valu pecher contre les
loix de la methode, que d'eftre reduit à la neceffité de rabaiffer par mes
louanges, ce que je voulois exalter,
n'eftoit qu'il eft egalement impoffible d'en parler dignement & de n'en
parler pas ; & que même l'impoffi-
bilité d'en parler dignement, eft auffi
glorieufe à Dieu, que les plus dignes
louanges qu'on luy fçauroit donner.
Ayant payé ce que je devois à ma
methode, ce qui m'a efté impoffible
de faire envers mon fujet, il me refte

D 3.　　　　à vous

à vous inviter , d'imiter avec moy
les Perses, qui ne laiſſent pas d'ado-
rer le Soleil, encore que la clarté
qu'il leur preſte, ne ſerve qu'à leur
en faire admirer la ſource, & non
pas à penetrer dans ſon eſſence ca-
chée. Je pourrois veritablement dire beaucoup davantage des perfections de l'Eternel, mais il me ſemble que le ſilence eſt le meilleur lan-
gage qu'on puiſſe employer en ce
rencontre ; car le ſilence eſt le plus
propre à exprimer noſtre eſtonnement, & l'eſtonnement n'eſt jamais
plus de ſaiſon , que quand Dieu en
eſt l'object ; la veneration la plus
ſoûmiſe & la plus humble eſt le meilleur moyen de comprendre celuy
qui eſt incomprehenſible.

S E C T. XIII.

NOus avons veu , Lindamor,
que Dieu eſt tout à fait digne
du plus haut degré de nos affections,
au regard de ce qu'il eſt en luy-même ; paſſons outre, & nous trouverons , qu'il ne l'eſt pas moins au regard de ce qu'il nous eſt, afin qu'il s'en
enſuive un genereux combat entre
voſtre

voſtre raiſon , & voſtre gratitude,
lequel des deux aura l'honneur de
contribuer davantage à l'accroiſſement de voſtre devotion : L'amour,
dont il luy plaiſt de nous honorer,
eſt ſi vaſte , ſi libre, ſi desintereſſé,
ſi conſtant, ſi profitable, que beaucoup plus que tout l'amour qu'on
luy ſçauroit payer , ne ſeroit qu'une
tres-petite partie de ce qui luy eſt deu.
Quant à la qualité de vaſte , que nous
avons miſe la premiere entre les attributs de ſon amour ; veu que c'eſt
une proprieté commune à tout le
reſte, nous n'en traiterons pas apart:
Paſſons à la conſideration du ſecond
attribut, qui eſt d'eſtre gratuit, ſans
contrainte & ſans obligation quel-
conque : or pour bien concevoir
qu'il eſt tel, d'une maniere toute ya-
ſte & toute grande, obſervons ſeulement, que nous avons ſi peu me-
rité qu'il nous aymaſt , que même il nous aymoit avant que nous
fuſſions, & noſtre felicité dans ſon
decrèt, a precedé noſtre eſtre dans
le monde. Ouy, Dieu vous a aymé une infinité d'âges avant que
vous fuſſiez, & ſa bonté en eſt ſi
fort l'unique motif, que même voſtre creation en procede, devant la-

D 4

quelle

quelle vous ne pouviez pas pretendre de meriter son amour. Ce bien-
fait tout seul le rend digne de vos affections ; quand même vous seriés
l'object de son aversion. Car comme les Perses adoroient le soleil, lors
même qu'ils en estoient bruslez,
nous nous croyons obligez aussi,
d'aymèr & d'honorer nos Peres &
nos Meres, encore qu'ils ne nous ayment pas, & quand même ils se-
roient méchants, à cause seulement,
qu'ils ont esté des instrumens en la
main de Dieu pour nous mettre au
monde ; & encore ce n'a pas esté de
leur choix, mais en vertu de son de-
cret. Or Dieu ne nous a pas seulement
aymez, lors que nous n'estions actuel-
lement point, mais aussi pour ac-
complir en nous la grande promesse,
Hos. faitte par le Prophete aux Israelites,
14. 4. de les aymer gratuitement, il nous a
aymez lors que nous estions ses ennemis, & nous a reconciliez à luy
Rom. par la mort de son fils. Il est vray que
5. 1. nostre non-estre estoit une condition
fort mal propre à exciter Dieu à
nous vouloir du bien : Mais nostre
inimitié l'estoit bien davantage, car
elle nous rendoit dignes de son aversion, de sorte qu'il a voulu recom-

man-

mander ſa charité, en nous aymant, non ſeulement ſans qu'il y euſt dequoy l'exciter à l'amour, mais auſſi lors qu'il y avoit dequoy le mouvoir à la haine; & cette dilection-là a eſté ſi grande, qu'elle l'a porté, juſqu'à nous donner le fils de ſa dilection: Jean 3. 16. & ſi vous voulez ſçavoir combien ce fils-là nous a auſſi aymez; l'Apoſtre vous l'apprend dans ſon Epitre aux Philippiens chap. 2. vers 6. 7. Où, parlant de Chriſt, il dit, qu'*eſtant en forme de Dieu, il n'a point reputé rapine d'eſtre egal à Dieu*: Toutefois il s'eſt aneanti ſoy-même, ayant pris la forme de Serviteur, fait à la ſemblance des hommes: & eſtant trouvé en figure comme un homme il s'eſt abbaiſſé ſoy-même, & a eſté obeiſſant, juſques à la mort, voire la mort de la croix. C'eſt à dire qu'il nous a aymez juſqu'à nous donner ſa propre vie, & que du plus haut degré de la gloire il s'eſt abbaiſſé juſqu'à ſouffrir la derniere des indignitez, & s'eſt reduit luy-même dans la condition la plus abjecte, pour élever la noſtre dans l'autre extremité.

Il a eſté, dit Eſaïe, *navré point* 3. 53. *nos forfaits, bleſſé pour nos iniquitez; le chaſtiment de noſtre paix eſt*

 ſur

sur luy, & par sa playe nous avons guerison.

Et St. Paul, dans sa seconde aux Corinthiens, *vous connoissez,* dit-il, *la grace de nostre Seigneur Jesus-Christ, à sçavoir, qu'il s'est rendu pauvre pour vous, bien qu'il fust riche : afin que par sa pauvreté vous fussiez rendus riches.*

Les hommes ayant depleu à Dieu, & consequemment estant décheus de tout droit & possibilité naturelle de parvenir à la felicité, lors même qu'ils combloient la mesure de leur malheur, par une lethargie qui les y rendoit insensibles, & qu'ils songeoient aussi peu à chercher du remede à leur mal, comme ils estoient peu capables d'en trouver, ou d'en imaginer aucun, son amour ne put demeurer en repos, tant qu'il eust fait agir sa sapience, & qu'elle eust trouvé le moyen de reconcilier sa justice & sa misericorde, en se reconciliant les pecheurs. Et il a executé ce dessein misericordieux, d'une maniere si digne de luy - même, & si avantageuse pour nous, par l'incarnation de son fils, que le juste estonnement, que nous en devons avoir, peut suffi-
re

re, à nous empécher d'eſtre eſtonnez, de ce que les Anges, comme dit ſaint Pierre, deſirent de regarder juſques au fond de ce miſtere : C'eſt une grande queſtion, non ſeulement entre les Sociniens & les Orthodoxes, mais entre les Orthodoxes mêmes, à ſçavoir, ſi Dieu pouvoit, ſans violer ſa Juſtice, ſe ſervir d'un autre moyen, que la mort de ſon fils, pour l'expiation du peché. Mais ſans hazarder de decider une queſtion ſi épineuſe, nous pouvons croire, ſans danger, qu'il n'auroit jamais pû choiſir une voye, qui nous obligeaſt & nous engageaſt davantage ; car dans cette maniere de nous ſauver, il a deployé tout enſemble la plus ſevere des juſtices, & la plus haute des mercis ; la plus grande deteſtation du peché, & le plus grand amour pour ceux qui en eſtoient coupables ; ouy, en abandonnant pour nous à des ſouffrances qui n'ont jamais eu de pareilles, & qu'on ne ſçauroit eſtimer, ce fils qui le touche de ſi prés, que luy & le Pere ne ſont qu'un, Dieu a témoigné que d'un coſté, le peché luy eſtoit ſouverainement

D 6

odieux,

odieux, puis qu'il l'a puni si severement en une personne si chere, & qui l'avoit seulement adopté pour affranchir les hommes ; & que de l'autre costé, il aymoit merveilleusement les pecheurs, puisque tout coupables qu'ils estoient d'une chose, qu'il hait si fort, il a donné pour leur rançon celuy qu'il ayme & cherit tant. C'est pourquoy, encore que nostre Sauveur fist de si grandes choses, pour témoigner aux juifs infidelles qu'il estoit le Messie qu'ils attandoient, il ne voulut pourtant pas s'exempter de la mort pour les convaincre ; & quoy qu'il eust tant fait, & tant de fois pour les obliger à le faire l'object de leur foy, il ne voulut pas descendre de la croix lors que les Sacrificateurs & les Scribes s'écrierent, *qu'il descende maintenant, s'il est le Roy d'Israel, & nous croirons en luy.* Il faut remarquer que pour convaincre le monde de leur incapacité à sortir de ce profond abyme, où le poids du peché les avoit precipitez, Christ n'est venu qu'aprés qu'une maladie de quatre mil ans, ou peu s'en faut, eut rendu la guerison desesperée. Une obstination si longue & si inveterée avoit bien augmenté la breche

en-

Mat. 27.42

Heb. 12. 1.

entre Dieu & les hommes ; & de plus, rendoit un témoignage bien evident, que la fapience humaine ne voyoit goute à trouver les moyens de fa reünion. Et ce demoniaque muet, que le Seigneur guerit & depoffeda eftoit fi loin de fe pouvoir guerir luy même, qu'il n'eftoit pas feulement capable de demander fa guerifon ; toute fon eloquence à émouvoir la pitié, confiftoit à n'eftre pas capable de prononcer un feul mot ; ainfi le Seigneur pouvoit bien dire, *j'ay efté trouvé de ceux qui ne me cherchoient pas.* Il eft tellement & fi uniquement venu pour le monde, qui ne le cherchoit pas, & qui ne fe pouvoit guerir foy-même, que de tout ce grand nombre de miracles qu'il a faits, à peine en trouverez vous un, qui ait efté pour fon affiftance particuliere, & pour montrer que, comme fes fouffrances eftoient pour nous, auffi les joyes, qu'il a goutées, eftoient à noftre égard : Nous ne trouvons point dans l'Evangile, qu'il fe foit jamais rejouï qu'une fois, & ce fut quand fes Difciples eftant de retour l'informerent, qu'ils avoient en fon nom chaffé les Diables des corps des pauvres poffedez, & qu'ils
avoient.

Mat. 9. 32.

Efai. 65. 1.

avoient gueri les malades, delivrant les hommes tout à la fois & du tentateur & du chaftiment du peché. Sa vie eftoit une pratique continuelle de vertu, qui ne rendoit pas moins témoignage de ce qu'il eftoit, que fes miracles & les Propheties; & pour témoigner combien il eftimoit les hommes, au deffus de toutes ces creatures dont ils font leurs idoles, il a fouvent changé & fufpendu le cours de la nature, pour leur inftruction & pour leur fecours, & renverfé les loix de l'univers, pour engager les hommes à l'obeïffance de Dieu, par des miracles fi grands & en fi grand nombre, que l'incredulité des Juifs peut prefque paffer pour un; & cependant il faifoit fes merveilles pour une generation qui les attribuoit au Diable, & qui les payoit d'une fi horrible ingratitude, que ce n'eft pas un de fes moindres miracles, d'en avoir daigné faire aucun, pour de fi malheureux blafphemateurs : qui eftoient en effet *chometz ben ya yin*, vinaigre l'enfant du vin (comme quelques-uns des Juifs modernes fe font appellez eux-mêmes, au regard de

leurs

Mat.
27.42

Mat.
9.32.

leurs Peres) ; & cela vaut autant à
dire, qu'une generation tres-indi-
gne de leurs faints predeceffeurs.
Il a tant fouffert pour fes propres
bourreaux, que même il a fouffert,
pour comble de fouffrance, qu'on
l'eftimaft digne de tout fouffrir ;
comme il eft écrit. *Il a efté mis au
rang des transgreffeurs.* Et quoy
que fa vie fuft un auffi grand mi-
racle, qu'aucun de ceux qu'il faifoit, fa condition pourtant à paru
quelquefois fi méprifable & fi che-
tive, qu'on ne pouvoit reconnoî-
tre fa Deité, qu'en fa bonté, qui
eftoit trop infinie pour fe pouvoir
trouver ailleurs qu'en Dieu feul.
Il eft vray que cét adorable Sauveur à dit une fois ; *Nul n'a plus
grand amour que celuy-cy, à fçavoir
quand quelqu'un met fon ame pour fes
amis* : Mais ce qui eft dit de l'a-
mour en ce lieu-là, ne fe doit
pas entendre de l'amour generale-
ment pris, mais des effets feparez
de l'amour d'un homme envers
fes amis, comparez l'un à l'autre ; & ainfi le fens de ce paffage
femble eftre feulement, qu'entre
toutes les demonftrations d'amitié, d'un homme envers un autre
hom-

Efai.
53. 12.

homme, il n'y en a aucune qui exprime mieux & plus hautement un amour reel & sincere, que quand on met sa vie pour un autre : C'est pourquoy ce texte ne doit pas estre indefinitivement appliqué à l'affection d'amour considerée en elle-même, comme s'il estoit impossible, qu'elle peut estre plus grande, qu'il ne faut pour obliger un homme à mourir volontairement pour son amy ; car celuy qui outre sa vie sacrifie encore sa fortune, ses enfans, & sa reputation, témoigne par là plus d'amour à celuy pour qui il le fait, que s'il ne luy donnoit que sa vie toute seule. Et celuy qui s'offre à la mort pour ceux qui l'ont en haine, ou pour ceux ausquels il est inconnu, fait paroistre une charité plus abondante, que celuy qui fait la même chose en faveur de ses amis seulement : & c'est ainsi qu'il faut entendre les parolles de Jesus Christ, si nous ne voulons dire, qu'il a, par sa pratique, desavoué ce qu'il a dit ; Car, il est venu donner sa vie pour ses ennemis, &, semblable à cet arbre benin, qui fait sortir de ses playes du baume pour la guerison de ceux qui le blessent, il n'a pas refusé de mou-

mourir pour ceux qui l'avoient navré, & il a épanché son sang pour
quelques-uns de ceux qui l'avoient
répandu. Et l'amour, qu'il avoit
pour un monde ingrat, a esté si peu
diminué ou découragé pour le cruel
& inhumain accœuil qu'il en a receu, que mêmes aprés avoir souffert toutes sortes d'indignitez de ces
miserables, en faveur desquels il a-
voit quité le ciel, & s'estoit fait capable de souffrir, il a voulu faire une
vertu de l'asseurance de son amour,
pour ceux-là-mêmes à qui une punition ordinaire auroit tenu lieu de
merci, & à qui, la plus severe rigueur, n'auroit passé que pour un
acte de justice. N'estimez pas, Lindamor, qu'il soit hors de propos,
d'insister si fort sur ce que Christ a
fait, & souffert pour nous, puisque Jean.
luy & le Pere ne sont qu'un, com- 10.34.
me luy-même nous asseure, & que 14.v.9
quelques passages, que nous avons 10. 8.
déja raportez, nous enseignent,
que sa venuë en ce monde, & nostre
redemption, qui s'en est ensuivie,
sont des effets de l'amour du Pere
envers nous. Si bien que je poursuivray, sans scrupule, à demontrer,
que la dilection de Christ est si gratuite,

tuite, que la grande condition de noſtre felicité eſt de croire, qu'il eſt diſpoſé à nous rendre heureux, à un prix, qui luy eſt ſi fort honorable & à nous ſi avantageux, que j'ay penſé dire, que peut-eſtre noſtre foy ne ſeroit pas demandée, comme requiſe à noſtre felicité, n'eſtoit que cette condition rehauſſe le merite du bien-fait, en nous en donnant une hardie & premature anticipation : Car puisque *la Foy*, ſelon l'Apoſtre, *eſt la ſubſiſtance des choſes qu'on eſpere, & une demontrance des choſes, qu'on ne voit point*, elle attire nos joyes au deça du tombeau, & fait deſcendre le Ciel juſques à nous, en attandant que nos ames ayent la liberté d'y monter ; enfin la Foy nous fait le même ſervice, que les eſpies firent au reſte des Juifs, en leur portant dans le deſert des fruits de la terre promiſe, avant qu'ils y peuſſent entrer. Je vous ay dit, Lindamor, que la Foy eſtoit la grande condition requiſe de Dieu, dans le don gratuit, qu'il nous fait de la vie eternelle. Ce n'eſt pas que je veüille attribuer aucune choſe à une Foy ſterile, oiſive & ſpeculative, en oppoſition à cet-

Nom.
13.23.
27.

à cette Foy vivante & active que-
l'Apoſtre appelle πίστις δι' ἀγάπης ἐνεργου-
μένη, Foy operante par charité ; car
Saint Jaques m'aprend, que le divorce de la Foy & des œuvres eſt auſſi
deſtructif à la religion, comme celuy de l'ame & du corps l'eſt à la
vie. Mais j'ay voulu vous avertir,
qu'encore que la Foy veritable, &
qui crie comme Rachel, *donne moy
des enfants, ou je meurs*, ſoit toûjours abondante & fertile en bonnes œuvres ; cependant ces bonnes
œuvres-là ne ſont pas la cauſe, mais
les effets & les ſignes de l'amour,
dont Dieu nous à premierement aymez, quoy qu'il peut eſtre, que par
aprés les enfants nourriſſent la mere ; ainſi que cette forte inclination,
que l'aiguille a pour le pole, eſt bien
une preuve qu'elle a eſté touchée
par l'aymant, ou qu'elle a receu l'influence de quelque autre corps magnetique ; mais ce n'eſt pas ce qui
oblige le mineral à attirer le fer. *Tu
es bon & bien faiſant*, dit le Pſalmiſte
à ſon Dieu. Et de fait c'eſt l'excez de
ſa bonté qui l'a fait venir juſqu'à
nous ; il ne nous fait pas du bien parce
que nous ſommes bons, mais parce
qu'il eſt liberalement bon, de même
que

que le soleil fait luire sa clarté sur des fumiers, non que ses rayons y trouvent aucune chose qui les attire, mais parce qu'il luy est naturel de répandre & communiquer sa clarté; il y a cette difference notable, c'est que comme cette bonté du soleil nous est pluftost un avantage qu'une faveur, elle merite bien nostre joye, mais non pas nostre reconnoissance; car ses visites se font sans dessein, & sans aucune intention particuliere pour celuy-là, ou pour un autre, par une pure necessité de nature, comme celle, qui fait écouler les sources en ruisseaux, quand leur lit est devenu trop petit pour contenir les eaux qui s'y assemblent incessamment: Dieu, au contraire, quoy que necessairement bon, & bien faisant, ne l'est pas moins librement, & obligeamment envers vous, ou envers moy; car, encore qu'il soit essentiel à sa bonté d'estre communicative en quelque forte, toutefois son estenduë hors de luy-même, & le choix qu'il fait de celuy-ci, ou de celuy-là, pour l'en faire participant, est purement arbitraire. Ce mutuel & estroit commerce d'amour, qui est entre les personnes de la bien-heureuse
Tri-

Trinité, luy fournissoit des objects internes pour employer sa bonté, avant qu'il eust creé le monde; & il a pû, sans sortir de luy-même, donner à sa nature bien-faisante l'infini pour carriere, & pour bornes, sans parler de ce grand nombre d'Anges qu'il a éleus par sa bonté. Mais n'ayant touché cette matiere que legerement & en passant, il nous faut observer en outre, & avec admiration, qu'au lieu que les hommes ordinairement donnent plus librement, où ils n'ont pas donné auparavant, & qu'ils s'excusent de donner, en alleguant qu'ils ont déja donné; Dieu par une methode fort differente, fait des biens, parce qu'il en a déja fait, & afin d'avoir matiere d'en faire encore. Et sur cela, remarquez s'il vous plait, que lors que les Israëlites eurent provoqué Dieu, par leur idolatrie, & qu'il parla de les consumer en sa fureur, il dit à Moyse *Ton peuple, que tu as amené d'Egipte,* comme s'il eut voulu ne se plus souvenir des bontez qu'il avoit eües pour eux; Moyse, pour l'engager à une nouvelle grace, & à leur pardonner leur forfait, represonta au Seigneur ses faveurs & ses misericor-

des

des precedentes, & les appella son
peuple, qu'il avoit retiré hors d E-
gipte avec main forte & bras estendu.
Et cette proprieté du Pere des mise-
ricordes estoit si éclatante & si re-
marquable en son fils Eternel, que
lors que les sœurs de Lazare implo-
rerent son ayde en faveur de leur
frere, qui se mouroit, l'argument,
dont elles se servirent, & qui leur
reüssit, fut, *Voicy Seigneur, celuy que
tu aymes est malade* ; au lieu de dire
celuy qui t'ayme, encore que Lazare
l'aymast effectivement. Et comme
Dieu ne tire, que de luy-même, les
premieres causes de son amour envers nous, aussi ses premieres faveurs
sont les causes & la regle des benedictions suivantes ; & la raison en
est evidente. Car son amour, tout
seul, estant tout le merite, en faveur
duquel nous puissions pretendre aux
effets de sa bonté, il est bien juste,
que ses faveurs soient proportion-
nées aux degrez de son amour, qui
fait le seul titre ou le seul droit, que
nous y pouvons avoir, & que sa liberalité se fournisse elle-même de
mesure & de regle aussi-bien que de
cause.

SECT.

SECT. XIV.

OR si la dilection de Dieu est toute gratuïte, elle n'est pas moins desinteressée: Tout ce qu'il se promet de nous, n'est que de nous faire les instrumens de sa gloire, en nous en faisant participans, & de nous conduire à la felicité eternelle, par un chemin qui releve & anoblit autant nostre nature, comme le fera un jour la condition qui nous est reservée.

La methode qu'il tient pour nous sauver, nous peut des icy-bas rendre capables de participer à l'heritage des Saints en la lumiere, *estant faits participans,* comme dit Saint Pierre, *de la nature Divine, estant échapez de la corruption qui est au monde en convoitise.* Tellement que les choses, en quoy les plus nobles des Philosophes faisoient consister leur felicité, ne servent qu'à preparer & qualifier les Chrestiens pour cette beatitude plus grande, que Dieu a reservée à ceux qui l'ayment.

Et de fait, que pourroit esperer, ou tirer de nous celuy, dont la beatitude est aussi infinie que la bonté ; il estoit souverainement heureux, en sa propre

2 Pier.
1. 12.

toute-

toutepuiſſance, avant qu'aucune choſe fuſt creée ; & pour le ſeur, cette felicité, qui n'avoit pas beſoin des creatures, pour eſtre extreme, a auſſi peu beſoin de tout ce qu'elles peuvent faire. Ce n'a pas eſté par indigence qu'il a fait les cieux & la terre ; affin de s'enrichir par un nouvel acqueſt ; c'eſt ſa bonté toute ſeule, qui l'a meu à manifeſter & à communiquer ſa gloire, & à faire part de tous les autres biens qu'il poſſede au dela de toute abondance. Le long-temps, qu'il a differé la creation, en eſt un témoignage bien evident ; & elle ſeroit aſſeurement d'une plus vieille date, ſi la Deité eſtoit capable d'avoir faute, & ſi la creature eſtoit capable de ſubvenir à ſon beſoin. S^t. Paul dans ſon Epitre à Timotée, appelle Dieu Μακάριον que nous avons tranſlaté, Dieu benit, mais qui pourroit eſtre mieux traduit, le Dieu bien-heureux ; & en un autre lieu de la même Epiſtre, il le nomme, l'heureux, auſſi-bien que le ſeul Potentat. Et aux Actes le même Apoſtre parle ainſi. *Dieu qui a fait le monde & toutes les choſes qui y ſont, eſtant Seigneur des cieux & de la terre n'habite point, &c.* Comme

s'il

1 Tim.
1.11.

veu que c'est luy qui donne aux creatures vie, respiration & toutes choses. Et tout de bon, estre Dieu, &
estre souverainement heureux, sont
deux choses, si fort inseparables,
qu'il n'y a point d'homme, pour peu
raisonnable qu'il soit, qui ne con-
cluë, aprés y avoir pensé, qu'en
croyant l'un, il faut necessairement
croire l'autre ; & Lucrece, tout Epi-
curien qu'il estoit, dans ce passage
impie, où sous ombre de vouloir,
par un compliment injurieux, deli-
vrer Dieu du soin incommode du
monde, il luy en oste la conduite &
le gouvernement, ne laisse pas d'a-
vouër, qu'il faut de toute necessité,
que la nature divine joüisse d'u-
ne tranquillité supreme & eternelle; & il ajoûte, pour servir à nostre propos, qu'elle est *Privata do-*
lore omni, privata periclis, ipsa suis
pollens opibus, nihil indiga nostri;
exempte de perils, exempte de
douleurs, toute riche de soy, sans
emprunter d'ailleurs. David qui es-   Psal.
toit un Poëte beaucoup plus noble   24. 1.
que ce Payen, nous dit que *la ter-*
re est au Seigneur & tout ce qui est con-
tenu en icelle, le monde & tous ses ha-
bitans. Et Salomon l'appelle *le grand*   Prov.
26.10.
Dieu

Dieu qui a formé toutes chofes. Et au Pfeaume 50. v. 12. Dieu dit luy-même, *fi j'avois faim je ne t'en dirois rien , car à moy eft le monde & tout fon bien.* En effet fon ubiquité exclud fes defirs de toute forte de mouvement, en rendant fon effence incapable d'exclufion ; car où pourroit il defirer de fe tranfporter, puis qu'il eft par tout ? peut-il fouhaiter d'eftre quelque part, où il ne foit pas déja ? Sa richeffe eft fi grande , qu'il ne peut voir de biens, que ceux qu'il a donnés, ou qu'il poffede luy-même, ou pluftoft que ceux qu'il donne & poffede tout enfemble, car fon abondance eft une fource de biens fi fort inépuifable, que fa liberalité l'appauvrit moins, que le Soleil ne s'appauvrit èn nous faifant part de fa lumiere, ou qu'un Docteur ne diminuë fa fcience en donnant des leçons. C'eft-pourquoy encore que Saint Jaques ait dit que *de Dieu Pere des lumieres, procede tout bon don, & tout don parfait ,* Abraham & Melchifedec n'ont pas laiffé de luy donner le tître de *Poffeffeur des Cieux & de la terre.* Non non, Dieu n'a pas befoin de convoiter, ny d'aller chercher,

Gen. 14. 18. 22.

cher, dans les petits ruisseaux des creatures, les biens dont il a la source, & dont il l'est aussi. Tous les plus grands services que nous luy pouvons rendre, ne font rien que nous décharger, il n'en tire aucun avantage, & il nous faut bien garder de croire, que ce que nous faisons puisse ajoûter quelque chose à sa felicité; car si elle estoit capable d'accroissement, elle ne seroit pas infinie; le culte le plus relevé qu'on luy puisse rendre, est bien une chose deuë, mais il ne peut pas seulement meriter d'estre appellé tribut; on le peut beaucoup mieux comparer à ces grains de poivre, que quelques vassaux payent à leurs Seigneurs, par droit d'hommage, sans esperance & sans dessein de les enrichir, mais seulement pour témoigner qu'ils tiennent d'eux les terres qu'ils possedent. Quand nous admirons le Soleil en le regardant, nostre admiration ne fait pas accroître sa clarté, elle n'en augmente pas, mais elle devient la nostre, & quand nous luy tournons le dos, ou que nous fermons les yeux, cet astre glorieux n'en souffre point d'eclipse, il n'en est ny ob-

scurci

fcurci ny endommagé, il n'en perd pas fa lumiere, mais nous en fommes privez : L'application en eſt ſi facile qu'on la peut obmettre ſans s'excuſer. Elihu diſoit à Job, *ſi tu peches que fais tu contre luy; ſi tu es juſte que luy donnes tu, ou que reçoit il de ta main? ton forfait nuira à l'homme comme toy, & ta juſtice profitera au fils de l'homme.* En effet la colere d'un impie contre Dieu, eſt comme quand un fou donne impetueuſement de la teſte contre quelque muraille; la muraille n'en eſt pas ébranlée, mais le ſot ſe caſſe le cou. Dieu habite une felicité, auſſi-bien qu'une lumiere, qui eſt inacceſſible à toutes ſortes d'attentats : ſa ſouveraine tranquillité eſt ſi haut montée, qu'elle paſſe l'attainte de toutes impreſſions de trouble; & comme les Eſtoiles n'ont point de part aux maladies, qu'elles cauſent par leurs influences, Dieu ne ſe reſſent point des tourmens qu'il inflige; ſa Juſtice luy eſt auſſi eſſentielle que ſa mercy ; témoin le nombre inegal des reprouvez, & des Saincts; pour un qui gouſte les fruicts de ſa miſericorde, il y en a des mille, qui ſont ſacrifiez à la ſevetité de ſa Juſtice.

Il

Il dit au quatorziéme de l'Exode.
Je seray glorifié en Pharao, & en Verf.
toute son armée, en ses chariots & en 17.18.
ses chevaucheurs ; voulant dire qu'il
les feroit perir dans la mer rouge :
Et Moyse nous dit, que *Dieu,* en Exod.
executant ce dessein rigoureux *s'es-* 15.
toit magnifié glorieusement: & en Ezechiel, le Seigneur Dieu dit ainsi,
Voicy, j'en ay à toy ô Sidon, je seray
glorifié au milieu de toy, & on sçau-
ra que je suis le Seigneur, quand j'au-
ray executé mes jugemens contre elle,
& que je seray sanctifié en elle. Et lors
que Dieu eut consumé Nadab &
Abihu, par un éclair de son indi-
gnation, qu'ils avoient alluméc en
luy offrant du feu étrange, Moyse
dit à Aaron leur Pere; *C'est ce que le*
Seigneur avoit prononcé, disant, je
seray sanctifié en ceux qui s'approche-
ront de moy, & seray glorifié en la
presence de tout le Peuple. Des exem-
ples de severité si remarquables témoignent evidemment, qu'il est
sainct en ses Loix, & qu'il s'interesse si fort dans l'observation d'i-
celles, que même les Ministres de ses
autels ne les violeront pas impune-
ment, & qu'ils trouveront qu'il est,
comme dit l'Apostre aux Hebreux,

E 3

un

un feu confumant, qui veut eftre glorifié en la prefence de fon peuple, foit
par l'obeïffance, foit par la deftru-
ction de ceux qui s'approchent de luy.
Et pour montrer qu'il ne tire pas
moins de fatisfaction de l'exercice de
fa juftice provoquée, que des effets de
fa merci envers ceux qui le craignent,
le Prophete dit aux Ifraëlites, *& il
aviendra que comme le Seigneur a pris
plaifir à vous bien faire, & à vous mul-
tiplier, il prendra pareillement plaifir
à vous reduire à neant.* Et ainfi, quoy
que Jeremie ait dit avec verité, que
Dieu n'afflige & ne contrifte pas vo-
lontiers les fils des hommes ; & quoy
que la defolation de la terre foit ap-
pellée, en Efaye, fon *œuvre eftrange,*
& fa *befoigne eftrange,* cela n'em-
pefche pas que quand les pechez des
hommes incorrigibles font venus à
ce point de provocation, que fa merci
n'intercede plus pour détourner ou
pour fufpendre les effets de fa juftice,
il ne prenne plaifir à deftruire ceux
qui n'ont pas voulu eftre prefervez ;
témoin cette expreffion épouvanta-
ble, que nous lifons dans Ezechiel,
où aprés avoir predit le carnage qui
feroit fait des impenitens Ifraëlites
par la famine & par la peftilence, il
ajoû-

ajoûte ; *ainsi s'accomplira ma colere, ma fureur restera sur eux, & je seray consolé.* Les hurlemens des damnez ne contribuent pas moins à la gloire de Dieu, que les Hallelujahs des Saints, ils luy chantent tous deux un Cantique eternel de loüange ; mais dans ce grand concert de toutes les creatures intelligentes, les voix qui s'accordent sans y penser, sont aussi differentes comme le font les conditions des chanteurs.

L'obscurité des Enfers fait autant à l'honneur du tres-haut, comme la splendeur eternelle des Cieux ; de même que les ombres, bien placées dans un tableau, ne font pas moins à la loüange du peintre, que les plus vives & les plus éclatantes couleurs ; & comme quand la terre pousse en haut des exhalaisons noires & puantes, cela ne touche point le Ciel, ny n'apporte aucun desordre dans les Spheres ; mais les tempestes & les foudres, qu'elles produisent, retombent sur le globe d'où elles sont venuës, & y font tout le mal ; de même, les méchants avec tous leurs blasphemes, & avec tous leurs crimes, quoy qu'ils pechent contre le Seigneur, ne l'incommodent pourtant pas ; ils ne

E 4

font

font du mal qu'à eux-mêmes ; tout le trouble qu'il en reçoit, c'eſt qu'il eſt obligé à les punir ; on peut bien le provoquer à la vengeance, mais on ne ſçauroit luy nuire : Un méchant homme, comme dit Elihu, peut nuire à un autre homme comme luy, mais non pas à la Deïté, car de ſes perfections infinies reſulte une felicité de même nature, qu'il peut auſſi peu perdre que ſon eſſence : Nos offenſes peuvent bien deroger à ſa gloire exterieure ; mais la felicité, qui luy eſt eſſentielle, n'en peut recevoir aucun detriment ; ou pluſtoſt les plus deſeſperés pecheurs ne peuvent par leurs crimes les plus atroces que changer l'attribut qu'ils devroient honorer ; car s'ils s'oppoſent à la gloire de ſa bonté, c'eſt pour luy donner ſujet de magnifier ſa juſtice : car infailliblement Dieu ſera glorifié toſt ou tard, ou par nos actions ou par nos ſouffrances, par la pratique de nos devoirs ou par la punition de nos crimes. Vous voyez donc, que ſi vous evitez l'enfer, Dieu vous en eſt fort peu redevable ; & il ne le ſera guere plus quand vous tâcherez de parvenir au Ciel ; comme dit Eliphaz, *l'homme peut-il faire profit à Dieu?*

Dieu? c'est à soy que l'homme entendu profite : que chaut-il au tout-puissant, que tu sois juste ? quelle utilité luy revient-il que tu faces tes voyes parfaites? C'est ce qui a fait dire à David, *Mon bien ne monte point jusques à toy :* Le feu que nous alumons sur les autels nous donne de la chaleur & de la clarté, mais il n'échauffe pas le Ciel de si loin, & l'on n'en a aucun besoin, au lieu où le Soleil fait sa residence ; nous recevons toute l'odeur des parfums, & de l'encens qu'on luy offre, la fumée s'en perd avant que de pouvoir atteindre le Ciel, & tant qu'elle soit dissipée, elle ne fait que l'obscurcir. Toutes nos bonnes œuvres, tous nos actes de devotion, sont aussi inutiles à Dieu, que l'est à un pere mourant, la chandelle de cire, que son fils & heritier luy presente ; si le pere l'accepte, ce n'est pas qu'elle luy serve en quoy que ce soit, ce n'est que pour confirmer à son fils la donation qu'il luy a faite de ses biens : Si bien que lors que Dieu prend plaisir aux devoirs que nous luy rendons, tant s'en faut que l'honneur qu'il nous fait de les recevoir, les rende meritoires, ou qu'il nous acquite de ce que nous devons

L 5

à son

à son amour, qu'au contraire il augmente la dette & la rend encore plus
insolvable ; car il n'y prend plaisir
qu'entant qu'ils luy donnent matiere
de les recompenser. Vous voyez donc
combien il s'en faut que la bonté de
Dieu ne soit interessée, & mercenaire, puis qu'il n'accepte nos recon-
noissances de ses benedictions precedentes, que pour en faire une occasion de nous en conferer de nouvelles, de même que le bon Isaac demanda de la venaison à son fils, afin que
du goust qu'il prendroit à la manger,
il pust avoir sujet de le benir.

Gen.
27. 4.

SECT. XV.

POur connoistre encore mieux,
combien les faveurs de Dieu
sont desinteressées, considerons, outre ce que j'ay dit, combien il nous
est impossible de les payer ; car
nous ne luy pouvons rien donner
que ce qui est à luy, & Dieu sçait
que nous ne pouvons pas même luy
donner tout cela ; si nous avons la
volonté & le pouvoir de luy faire
service, l'un & l'autre luy appartient, si justement & en tant d'é-
gards,

gards, que nous ne pouvons luy faire aucune retribution, qu'en restituant. De sorte que tous les devoirs que nous luy pouvons rendre se peuvent plus proprement appeller une restitution qu'un payement. Aprés que David & ses Officiers eurent fait leurs offrandes, pour la structure de ce Temple magnifique, dont il semble qu'ils avoient l'ambition de faire une demeure, qui ne cedast qu'au Ciel ; le Roy ayant donné trois mille talens d'or & sept d'argent rafiné ; les Princes du peuple cinq mille talents & dix mille dragmes d'or, dix mille talens d'argent, dix-huict mille de cuivre, & cent mil de fer, outre un nombre de toutes sortes de pierres precieuses, capable d'appauvrir les Indes mêmes ; le Roy parfuma céte noble & incomparable offrande par une confession solemnelle, qui peut-estre fut plus precieuse devant Dieu, que l'offrande même. *A toy Seigneur, dit-il, est la magnificence, la puissance, la gloire, & la victoire & la loüange ; car tout ce qui est au Ciel, & en la terre est tien, Seigneur ; le Royaume est à toy, tu es élevé Prince sur toutes choses ; C'est à toy que sont les richesses*

& les honneurs. Et ta donation s'estend par tout : en ta main est la vertu & la puissance, & en ta main est l'excellence, & empire sur toutes choses. Maintenant donc ô nostre Dieu, nous te rendons graces & loüons ton nom glorieux, car qui suis-je, & quel est mon peuple, que nous te puissions offrir volontairement telles choses ? car toutes choses viennent de toy, & de ta main nous te les donnons. Nous sommes estrangers & forains devant toy, ainsi que l'ont esté nos Peres. Nos jours sur la terre sont comme l'ombre, & il n'y a point de demeure. O Seigneur nostre Dieu, toute cette abondance que nous avons preparée pour bastir une maison à ton saint Nom, vient de ta main & t'appartient entierement.

Rom.
11.35.
36.

L'Apostre dans son Epistre aux Romains, fait une question, qui emporte sa negative, quand il dit. *Qui est-ce qui luy a donné le premier, & il luy sera rendu ? car de luy & par luy, & pour luy sont toutes choses.* Il n'est pas jusqu'à nostre amour, qui ne soit, en ce rencontre-icy, incapable de payer nos dettes, quoy que ce soit le plege, ou le domaine, qui paye toutes celles des pauvres gens, en leur fournissant le privilege de

faire,

faire, de leurs defirs & de leurs
souhaits, de la monnoye d'un auffi
haut prix qu'il leur plait; car noftre
amour eft trop un effet de l'amour
& bonté de Dieu, pour pouvoir
eftre fa recompence : Et Saint Jean,
qui eftoit un amoureux divin, a eu
jufte caufe de dire ; *en cela eft la cha-* Jean.
rité, non point que nous ayons aymé 5. 10.
Dieu, mais en ce que luy nous a aymez.
Et en effet, fi nous jettons les yeux
fur ce deplorable combat, qui fe fait
entre les bien-faits de Dieu, & l'ingratitude de la plus-part des hommes,
fi nous confiderons le peu d'intereft,
que Dieu tire ordinairement des
grands deboursemens qu'il fait de
fon amour, nous ferons obligez de
reconnoiftre, à l'exemple du Prophete David, que l'amour que nous
rendons à Dieu pour fes bien-faits,
eft luy-même un des plus grands
bien-faits qui nous obligent à l'aymer. La dilection de Dieu eft fi fort
au deffus de toute forte de payement,
& nous fommes d'autre cofté tellement infolvables, que même cét
amour, par l'aide duquel feulement
nous pourrions pretendre quelque
capacité de luy faire une retribution telle quelle, rehauffe encore
de

de beaucoup ſes bien-faits, & con-
ſequemment augmente noſtre dette :
Et noſtre impuiſſance à recompen-
ſer ou à payer cette dilection de
Dieu, eſt tellement ſans bornes &
ſans limites, qu'elle s'eſtend juſques
à nos ſouhaits & les enchaine : Car
Dieu joüit d'une affluence de felicité, ſi entiere & ſi parfaite, que
même nous ne luy pouvons ſouhaitter aucune choſe, qui ſoit digne de
luy, à moins que de luy ſouhaitter
ce qu'il poſſede déja. Le ſentiment
de céte impuiſſance n'eſt pas une des
moins incommodes proprietez de
l'amour Seraphique, au gouſt de
quelques-uns de ceux, qui y ſont les
plus avancez. Il nous eſt bien rude
d'eſtre reduits à une condition purement paſſive, & de ne pouvoir faire autre choſe, que recevoir dans ce
commerce divin. Nous y voudrions
bien contribuer quelque choſe, &
nous ne pouvons pas toûjours nous
empécher de faire des vœux pour
l'accroiſſement d'une felicité, d'où
nous tirons toute la noſtre. Quelques ſaints perſonnages, & entre
autres Saint Auguſtin, ont eſté
tranſportez, par l'abondance de
leur devotion & de leur gratitude,
à faire

à faire des souhaits , & à se servir
de termes ; où leurs affections a-
voient bien plus de part , que leur
raison ; & ils ont témoigné qu'ils
comprenoient bien mieux l'obligation qu'ils avoient à Dieu , que
le peu de besoin qu'il avoit de leur
reconnoissance : Mais tout bien consideré, cela-même, qui fait nostre
douleur , nous doit donner matiere de joye ; car tous les desirs que
nous pouvons former, & qui ten-
dent à rendre Dieu parfaitement
heureux, sont accomplis avant que
d'estre conceus, & en la plus haute
& en la plus noble maniere ; & si sa
felicité pouvoit estre accruë par l'ac-
complissement de nos souhaits , il
s'enfuivroit, qu'elle pourroit avoir
besoin de quelque chose pour la
rendre achevée : Or c'est une felicité incomparablement plus grande,
d'estre heureux par nature , d'une
façon si transcendante que rien n'y
peut estre ajoûté , que d'estre heureux par les souhaits d'autruy.

SECT.

SECT. XVI.

Passons à la constance de la dilection de Dieu. Il est certain que
nous ne pouvons avoir aucunes conceptions de la Divinité, à moins
qu'elles en fussent tout à fait indi-
gnes, & injurieuses au dernier point;
ou il faut tenir pour article de Foy,
que de croire Dieu capable d'inconstance, seroit le plus grand crime
du monde, comme c'en seroit la
plus grande misere, si on trouvoit
qu'effectivement il fust tel. Sa charité est, comme son essence, immua-
blement eternelle, elle va de l'eternité à l'eternité, elle a precedé la
nativité du temps, & elle en survi-
vra les funerailles. Saint Jean nous
dit de Christ, que *comme il avoit aymé les siens, qui estoient au monde, il
les ayma jusqu'à la fin,* & aprés que
Saint Jaques nous a dit, que *tout bon
don & tout don parfait procede du Pere des lumieres,* il ajoûte pour rendre nostre consolation parfaite; *Par
devers lequel il n'y a point de varia-
tion, ny d'ombrage de changement, il
nous a de son propre vouloir engendrez
par la parole de verité.* Et de fait,

puis-

Chap.
13. 7.

Jaq.
1. 17.

puisque Dieu tire de luy-même &
non pas de nous, la cause de l'amour
qu'il nous porte; de l'immutabilité de
sa nature, nous pouvons inferer celle
de sa charité, & consequemment
celle de nostre felicité, qui en procede. Dieu a dit par la bouche de
Malachie, *je suis le Seigneur & ne* Chap
change point, pourtant fils de Jacob 3. 6.
vous n'avez point esté consumez : &
dans Jeremie, il dit à son peuple, *Je*
t'ay aymé d'un amour eternel. Et ce
que Dieu avoit dit à Josué, *Je ne te*
delaisseray point, je ne t'abandonneray
point, l'Autheur de l'Epistre aux Hebr.
Hebreux l'applique à tous les fidel- 13. 5.
les en general, & le même Autheur
nous dit ailleurs, que *les dons & la*
vocation de Dieu sont sans repentance,
& les afflictions qu'il envoye à ses
enfants & qui semblent proceder de
sa colere, ne destruisent nullement
l'immutabilité de son amour, puisque même cette colere-là en est un
effet; car elle procede d'une impatience paternelle, qui ne peut voir
de tache, sans l'essuyer, sur un visage qu'il ayme trop pour y souffrir
de la laideur; & elle procede encore
du desir qu'il a, que ceux qu'il ayme
soient toûjours des objects propres à
rece-

recevoir les effets de son amour en plus grande mesure ; comme quand nous batons un habit qui nous plaist, pour en faire sortir la poussiere, nous ne le frapons pas par colere, mais seulement pour le netoyer, & pour en oster ce qui nous empéche d'y trouver le plaisir, que nostre passion nous fait souhaitter d'y prendre. *Je reprens & chastie tous ceux que j'aime dit le Seigneur.* Et au Pseaume 119. v. 75. David dit. *Je connois ô Dieu, que tes jugemens sont droits, & que tu mas affligé à bon droit.*

La fournaise d'affliction n'est que pour nous purger de nostre crasse terrestre, & pour nous amolir & rendre plus propres à recevoir l'impression du seau & de l'image de nostre Dieu. Le grand & misericordieux architecte de son Eglise, que les Philosophes, & l'Ecriture même, appelle τεκνίτης, c'est à dire Artiste, ne nous fait pas passer par le marteau, ou par le ciseau pour nous blesser, ou pour nous déchirer ; ce n'est que pour polir & façonner nos cœurs, qui sont naturellement rudes & opiniâtres, & en faire des pierres vives, qui puissent servir à l'or-

l'ornement & à la force de sa Jerusa- Saint
lem celeste.   Pierre
                                                   2. v. 5.

Or si Dieu est constant en son a-
mour, il ne l'est pas moins à estre
aymable : Les belles femmes sont
d'ordinaire aussi inconstantes dans le
visage, que dans le cœur, & encore
plus asseurement dans le premier,
que dans le dernier. Car si par bon-
heur, elles se trouvent exemptes
d'une infinité d'accidents qui peuvent tout à coup ruiner leur beauté,
l'âge du moins y apportera du changement & du declin, de toute necessité ; de sorte que nos adorateurs
de roses & de lis demeurent dans une
perplexité continuelle, par l'incer-
titude, où ils sont toûjours, tant de
la continuation de la bienveillance
de leurs Maistresses, que de la durée
de leur beauté ; & cependant ces deux
choses sont necessaires à la joye & à la
tranquillité des Amants : & il arrive
souvent, que si l'humeur de la Maî-
tresse ne change pas assez pour la rendre coupable d'inconstance, son visage change assez pour faire souhaiter à
l'Amant, que l'inconstance ne fust
pas un crime, ou qu'elle en fust coupable elle-même, pour luy donner un
pretexte de l'imiter en se vengeant.
Mais.

Mais dans l'amour Seraphique, nous sommes à couvert de l'un & de l'autre danger ; car Dieu ne cesse jamais d'aymer ceux qu'il a une fois honorez de son amour, & il ne cesse aussi jamais d'estre souverainement aymable. Et il n'est pas seulement constant à nous aymer, il l'est aussi à nous encliner & à nous induire de plus en plus à le faire l'object de nos plus fortes passions ; de sorte qu'il ne persiste pas seulement à nous aymer, & à estre digne d'estre aymé de nous, mais il persevere aussi à nous donner une disposition convenable à embrasser son amour, & par une reflexion bien-heureuse la faire rejaillir sur son adorable Autheur. Faute d'une telle disposition, Adam perdit le Paradis, & le même defaut fit perdre le Ciel aux Anges malheureux ; car dans l'object, qui doit perpetuer nostre amour, il faut qu'il se rencontre une nature, au regard de nos affections, semblable à celle que les Philosophes attribuent au centre du monde, au regard des corps pesants ; qui est à ce qu'ils disent, que ce point magnetique n'a pas seulement la faculté d'attirer, mais encore celle de retenir. Et en

effet,

effet, nous sommes de nous-mêmes
si revêches, & si opposez à ce qui
nous est bon, si mal propres à procurer nostre felicité, & si prests à
l'abandonner, que son Excellence
ne suffit pas à nous la faire recher-
cher, ny sa possession ne nous atta-
che pas assez fortement, pour nous
empécher d'aspirer à la revolte & au
divorce : Nous avons besoin qu'on
nous traite, comme on fait les enfants qui font opiniâtres ; quand ils
ont perdu l'appetit, & qu'ils refu-
fent de prendre ce qui leur est necessaire, on ne se contente pas de
leur avoir offert, mais on les force
à l'avaller : Et lors que la beauté & la
magnificence d'un palais n'a pas assez de charmes pour les persuader à
garder la maison, & qu'ils font assez
fous & malins pour aymer mieux
s'aller veautrer dans les rües, on les
retient par force dans le logis. Ces
excellentes proprietez de la constance Divine ne font pas mal represen-
tées par les operations de la pierre
d'aymant ; & j'ay tant fait d'expe-
riences de ce mineral-là que vous me
permettrez bien d'en tirer quelques
comparaisons : Premierement, je
trouve qu'il ne quitte jamais l'inclination

nation qu'il a pour l'acier: en second lieu lors qu'il luy eſt conjoint, il retient ſi conſtamment ſes qualitez attractives, qu'il ne donne aucune cauſe à l'aiguille de le quitter ; & en troiſiéme lieu , il ne touche jamais bien l'amoureux acier, ſans luy laiſſer une certaine impreſſion , qui le diſpoſe pour toûjours à ſe mettre en la poſture la plus propre, à recevoir de nouveau ſes influences. Je trouve encore une reſſemblance conſiderable entre l'œuvre de Dieu en nous, & celuy de l'aymant ſur le fer; c'eſt que ce mineral n'attire pas l'aiguille pour tirer quelque avantage de cette union , mais pour luy communiquer ſa vertu. Au reſte il y a encore ceci d'excellent dans la devotion, c'eſt que ny l'abſence ny les rivaux, qui ruinent bien ſouvent la felicité des autres Amants, ne peuvent rien faire au detriment de la voſtre. Quant à l'abſence, qui fait un ſi grand divorce entre nous & ce qui nous anime , que les Amants ont raiſon de l'appeller une mort, (en cas que la mort ne ſoit autre choſe que la ſeparation du corps & de l'ame,) nous n'avons nullement à la craindre : L'ubiquité de Dieu

nous

nous en met à couvert ; il eſt toûjours
avec nous ou pluſtoſt en nous : &
vous qui mettiés autrefois à ſi haut
prix les opportunitez de conver-
ſer pour quelques momens avec
voſtre Maîtreſſe, vous trouverez
icy vos petits privileges augmentez
juſques à la permiſſion, & juſqu'à
eſtre invité à vous entretenir, en
tout temps, avec le divin objeſt de
vos flammes. Il n'y a point d'heure
qui rende vos viſites hors de ſaiſon, ny de longueur qui les face
devenir importunes : au contraire, celuy qui vient le plus ſouvent, & qui demeure le plus long-
temps, eſt le mieux venu auprés de
Dieu. Vous pouvez apprendre de
Saint Luc, au commencement de
ſon Evangile, la faveur dont Dieu
honora cette vieille Propheteſſe
& Evangeliſte tout enſemble, qui
durant pluſieurs années avoit conſtamment demeuré dans le Tem- Luc.
ple, *ſervant Dieu jour & nuiſt en* 37.38.
jeûnes & en oraiſons. Les Himnes,
que Paul & Silas chantoient dans
la priſon à l'heure de minuiſt,
depleurent ſi peu à celuy qu'ils Aſtes
loüoient, qu'ils furent honorez de 25.26.
la viſite d'un Ange, qui leur vint
.ap-

apporter la liberté, pour un témoignage que leur devotion n'avoit pas esté mal receuë, encor qu'elle semblast estre hors de saison. Aprés qu'Enoch eut cheminé 300. ans avec Dieu, le Seigneur montra bien qu'il n'estoit pas ennuyé d'une assiduité si longue, car en l'exemptant de la mort, contre l'ordinaire, il le fit venir au Ciel par un chemin nouveau & plus court, pour l'honorer d'une communion plus estroite, & plus immediate avec luy. Et Moyse ayant passé quarante jours & autant de nuicts à converser avec Dieu sur la montagne, au lieu d'en rappor-Exod. ter des marques du chastiment de 34.30. son importunité, il en revint avec des témoignages si signalez d'une faveur de Dieu toute particuliere, que le peuple, qui mouroit d'envie de le voir, ne l'osoit approcher, tant son visage estoit resplendissant. Combien d'amants voyons-nous se glorifier de leurs souffrances, si seulement ils les peuvent faire connoistre à la personne qui les cause; or dans l'amour Seraphique, jusqu'aux moindres desirs, jusqu'aux afflictions les plus cachées, jusqu'à un soupir étoufé, jusqu'aux pensées les plus

se-

secretes d'une pauvre ame éprise de son Dieu, sont connuës de celuy qui met les larmes de ses serviteurs dans son vaisseau, & il adoucit & recompence ce que nous souffrons à son occasion & pour l'amour de luy, par des consolations & des joyes interieures, qui sont si grandes, que nous ne sentons pas nos maux, & que veritablement ils meritent un nom contraire. Toute ame, qui ayme son Dieu, luy peut dire comme David. *Tu connois quand je me couche & quand je me leve, tu entens mes pensées de loin, tu circuis mes allées & mes retraites, toutes mes voyes te sont connuës.* Christ a pareillement les yeux si fort attachez sur ceux qui l'ayment, qu'il nous est representé dans l'Apocalipse, disant au Pasteur de l'Eglise de Smyrne, *Je connois tes œuvres, ta tribulation, & ta pauvreté,* & à l'Ange de l'Eglise de Pergame, *Je connois tes œuvres & où tu habites, assavoir là où est le siege de Satan, & que tu retiens mon nom, & n'as point renoncé ma foy, mêmes lors qu'Antipas mon fidele Martir a esté mis à mort entre vous, là où habite Satan.* De sorte que la moindre circonstance, qui peut servir à

Chap. 2. 9.

F   ren-

rendre noftre amour recommanda-
ble, ne paffe point fans eftre obfer-
vée par celuy, qui a tant fait & tant
fouffert pour nous obliger à l'aymer; Dieu ne laiffe pas auffi de fe
fouvenir du foin, que nous avons
eu de le fervir, quoy que nous
l'ayons oublié. *Quand t'avons nous
veu en detreffe & t'avons fecouru?*
diront au dernier jour ceux à qui
le Ciel fera donné pour recom-
penfe, comme ayant fervi à leur
redempteur. Le Seigneur oit &
écoute ceux qui le craignent, lors
qu'en un temps impie comme le
noftre, ils fe retirent à part, &
parlent l'un à l'autre, avec douleur & amertume, de l'abomina-
tion, & des blafphemes de leurs
concitoyens : l'Eternel en écrit un
memorial devant foy, pour ceux
qui craignent le Seigneur, & qui
penfent à fon nom. *Ils feront
miens dit le Seigneur des armées,
lors que j'amafferay le trefor, & je
leur pardonneray ainfi que chacun pardonne à fon fils qui le fert,
je retourneray & vous verrez la
difference entre le jufte & l'infi-
delle, . entre le ferviteur de Dieu
&*

& celuy qui ne le sert pas. Je connois, dit Christ à l'Eglise de Smirne, & consequemment à tous ceux qui souffrent pour son nom, *tes œuvres, ta tribulation & ta pauvreté*; mais ce n'est pas le tout, il ajoûte un peu aprés, *Ne crain rien des choses que tu as à souffrir, vous aurez une tribulation de dix jours, mais sois fidelle jusqu'à la mort, & je te donneray la couronne de vie.* Dieu accepte aussi fort souvent jusqu'aux bonnes pensées & intentions de ses serviteurs, quoy qu'il n'en veüille pas l'execution; il ne permit pas à David de luy bastir un Temple, & cependant Dieu luy dit, selon le raport de Salomon, *Quant à ce que tu as eu volonté d'edifier une maison à mon nom, tu as bien-fait d'avoir eu cette volonté.* Et nostre Seigneur, & Sauveur J E S U S-C H R I S T, donne souvent cette epithete à Dieu, *vostre Pere qui voit en secret*, &c. Or si nous n'avons pas à redouter l'absence, nous avons encore aussi peu à craindre d'estre supplantés par

nos

Mat. 6. 6.

nos rivaux : Car nous n'en pouvons avoir dans cét amour-icy, qui ne souhaitent, & qui ne prient, que Dieu nous ayme toûjours de plus en plus : Et en effet, puisque l'amour que Dieu nous porte fait tout noſtre mérite, & qu'il eſt la principale cauſe qui les meut à nous vouloir du bien, il faut de neceſſité qu'ils nous ayment, ſi nous ſommes aymez de Dieu, & ils ne peuvent nous aimer, ſans implorer pour nous, & que Dieu nous ayme davantage, & que nous l'aymions auſſi. Pareillement, le Seigneur nous aſſeure *qu'il y a joye au Ciel devant les Anges de Dieu pour un ſeul pécheur qui vient à s'amander.* Et le ſeul Himne des armées celeſtes, dont l'Ecriture fait mention, à la reſerve des viſions prophetiques, a eſté chanté pour obtenir la benediction de Dieu ſur les hommes. A quoy je ne ſçache pas que les chanteurs fuſſent intereſſez autrement, que par amour & par ſimpathie. Car comme dit Eſaye le Prophete, c'eſt à *nous* autres que *l'enfant eſt né,* c'eſt à *nous* que *le fils eſt donné. Il n'a pas pris la nature des Anges, mais la ſemence d'Abraham.* Vous voyez donc que ceux qui ayment Dieu, ont un

amour

Luc.
5. 10.

Luc.
2. 13.
14.

Chap.
9. 6.

Heb.
2. 16.

amour si desinteressé & si noble,
qu'aprés Dieu, qui est l'objet de leur
amour, ils n'ayment rien si fort que
leurs propres rivaux, & cela procede, peut-estre, de gratitude, en ce
que nous nous assistons les uns les
autres, à payer une dette d'amour
& de loüange, que nul de nous n'est
capable de payer en son particulier.

SECT. XVII.

IL n'est pas besoin, je croy de
vous dire, qu'une partie de ce
que nous avons dit cy-dessus, est
fondée sur une supposition, que
ceux-là soûtiennent une doctrine
veritable, qui attribuent à Dieu, au
regard de chaque individu, un de-
cret d'election & de reprobation
eternel, immuable, & qui ne de-
pend d'aucune condition que ce soit.
Cependant j'estime qu'il n'est pas
à propos, que je vous dise icy mon
sentiment des controverses, qui sont
agitées sur cette matiere, par les
Calvinistes & les Arminiens. Ceux
qui sont veritablement pieux, de
l'un & de l'autre party, sont peut-
estre tout autrement considerez de
Dieu, qu'ils ne se considerent les uns
F 3   les

les autres, entant que leur conten-
tion confiste à sçavoir, lequel des
attributs de Dieu doit estre le plus
estimé & le plus respecté ; car les
uns semblent affirmer la liberté &
independance des decrets de Dieu,
pour magnifier sa bonté ; les autres la denient, pour mettre à
couvert sa justice. Et même quand
à honorer sa bonté, ces adver-
saires semblent aussi estre rivaux,
car l'un suppose qu'on la magni-
fie davantage en croyant qu'il est
impossible de luy resister, & que
celuy à qui elle est une fois desti-
née, ne peut manquer d'estre sau-
vé ; l'autre croit qu'elle est encore plus exaltée quand on dit,
qu'elle est universelle & qu'elle à
dessein de rendre heureux quiconque aura la volonté de l'estre : ainsi, l'un des partis ayme mieux honorer la grace, en luy assignant,
au regard de l'homme, une estenduë toute vaste & sans limites ;
& l'autre le fait, en luy attribuant
un degré de force qui ne peut manquer d'estre victorieux : Neanmoins,
quoy que le peu de temps qui me
reste, & la nature de mon sujet aussi, m'obligent à éviter cette con-
tro-

troverſe, je ne laiſſeray pas de vous dire, que la doctrine de la predeſtination, n'eſt pas neceſſaire pour juſtifier la gratuité & la grandeur de l'amour de Dieu, veu principalement que cette doctrine-là eſt rejettée, non ſeulement du reſte du genre humain, mais auſſi de tous les autres Proteſtants, & des Lutheriens & de pluſieurs ſçavans Docteurs de l'Egliſe Anglicane, qui la deteſtent à peu prés, comme un blaſphême : & tout de bon, ceux qui croyent que c'eſt une erreur, ne peuvent pas s'empécher de croire que c'en eſt un bien dangereux, & de pernicieuſe conſequence, en cas que les conſequences qu'on en pourroit tirer, euſſent de l'influence ſur la pratique des hommes, & qu'ils ne fuſſent point retenus par la crainte des loix ; de plus, c'eſt une verité ſi manifeſte, & ſi éclatante, que Dieu eſt l'auteur de la felicité de l'homme, que la diſpute entre les Calviniſtes & les Arminiens, n'eſt pas tant touchant la choſe, comme touchant la maniere ; car les premiers ſoûtiennent que la grace eſt preſentée de ſorte qu'on ne luy peut pas

F 4

reſirefifter, les autres, encore qu'ils denient, qu'on ne luy puiffe refifter, accordent neanmoins, qu'elle eft entierement gratuite, & non meritée, & en outre, qu'elle nous eft offerte accompagnée d'une efficace qui nous rend capables de l'accepter, par des alechements fi engageants, que l'homme, au commencement de fa converfion, n'a rien à contribuer à fa felicité, hormis de ne la pas rejetter opiniâtrement, & qu'on peut dire plus proprement que l'homme eft obligé à Dieu de fon falut, qu'on ne peut dire qu'un mandiant eft redevable de fon aumofne à celuy qui luy a donnée, encor qu'il ait ouvert la main pour la recevoir, ce qu'il auroit pû ne pas faire, s'il euft efté ennemy de fon bien.

Il eft vray que Chrift a payé la rançon pour nous, c'eft pourquoy Saint Pierre l'appelle *le Seigneur qui nous a rachetez*. Mais ç'a efté la bonté de Dieu toute pure qui nous a donné ce Chrift-là, & c'eft de fa bonté toute pure qu'il a accepté la rançon; il n'eftoit obligé ny à l'un ny à l'autre, c'eft ce qui fait que l'Ecriture n'attribuë pas à la Juftice de Dieu, l'envoy qu'il a fait de fon fils,

mais

mais à sa bonté seulement. *Car Dieu* Jean.
a tellement aymé le monde , qu'il a 3. 16.
donné ou envoyé son fils unique afin que
quiconque croit en luy , &c. Et l'Apostre, au même lieu où il nous dit,
que nous sommes justifiez par la redemption, qui est en Jesus-Christ,
dit aussi, que nous sommes justifiez
gratuïtement par sa grace.

On confesse de part & d'autre,
qu'il faut renoncer au merite, &
ceux-là mêmes, qui semblent se pro-
mettre quoy que ce soit de Dieu,
comme une chose deuë, reconnois-
sent, que si ses promesses ne l'a-
voient renduë telle, elle ne le de-
viendroit pas par la force de leurs
œuvres; & que c'est à sa misericorde qu'ils doivent le droit qu'ils ont
de se confier en sa justice. Saint Paul, 2. Ti.
qui ayant combatu le bon combat, mot.
fini sa course, & gardé la foy , atten- 4. 7. 8.
doit une couronne de Justice de la
main du Seigneur , qu'il appelle juste
Juge, ne laisse pas de nous dire, dans
son Epistre aux Ephesiens, que *par*
grace nous sommes sauvez , par la Foy,
& cela non point de nous , c'est le don de
Dieu , lequel nous ayant une fois promis le Ciel, nous donne veritablement le droit de l'esperer de sa justi-

E 5

ce;

ce; mais il faut reconnoiſtre en même temps, que c'eſt de ſa pure liberalité & gratuïte bonté, qu'il nous a fait cette grande & precieuſe promeſſe, comme Saint Pierre l'appelle avec raiſon : Et pour bien concevoir l'infinité de cette gratuïte bonté de Dieu, il ne faut que conſiderer la diſproportion qu'il y a entre une ſi grande recompenſe, comme eſt la vie eternelle, & la moins imparfaite de toutes nos bonnes œuvres, qui en cas qu'elles n'ayent pas beſoin de pardon, ne peuvent pas du moins pretendre aucune recompenſe de celuy, qui en qualité de createur a un droit ſi ſouverain d'exiger de nous tous les ſervices qu'il luy plaiſt, ſans nous propoſer aucune recompence, que quand nous aurons rendu à ſes commandemens une obeïſſance entiere & parfaite, nous demeurerons dans la neceſſité de confeſſer, que nous ſommes des ſerviteurs inutiles. Et de fait, c'eſt une choſe ſi generale, & peut-eſtre encore ſi naturelle à tous les hommes, d'eſtre convaincus par leur conſcience, que toute leur felicité vient de Dieu, que même, ceux qui ſont ignorans

ou

ou ennemis de fa gratieufe providence, ne laiffent pas de s'imaginer une chofe ou une autre, par le moyen de laquelle ils puiffent concevoir qu'ils font redevables à Dieu de fes bienfaits : & il me feroit peut-eftre affez facile, fi j'en avois le loifir, de montrer que les raifonnables entre les Papiftes n'attribuent pas tant au merite, proprement dit, ny fi peu à la grace, comme les plus quereleurs de leur party ont donné, à quelques-uns des noftres, occafion de leur reprocher. Les Remonftrans ont témoigné par leur Apologie, & par leur confeffion de foy, le foin qu'ils ont de faire voir au monde, qu'ils reconnoiffent la liberté de la grace, & qu'on ne la peut meriter. Et il n'eft pas jufqu'aux Sociniens, qui n'ayent tâché, avec beaucoup de foin & d'induftrie, de purger leur doctrine erronnée touchant la juftification, du crime dont on l'accufe de tendre à inciter fes adherans à facrifier à leurs filets, & à fe remercier eux-mêmes de leur felicité ; ce qui me fait fouvenir d'un paffage, que j'ay leu il n'y a pas long-temps, dans un de leurs champions moder-

F 6

 nes,

nes, nommé Schlichtingius, qui à mon gré, quand son sujet le peut permettre, a de coûtume de discourir aussi honestement, & avec autant de raison, qu'aucun autre de sa secte ; il tâche de reconcilier la doctrine de Socinus avec la grace, par des considerations, que je vous donneray en ses propres termes, de peur de luy faire tort. *Ad retundendam*, dit-il, dans sa dispute contre le docte Meisnerus, *arrogantiam justificatorum, & ne dicant se meruisse gratiam, non est necesse, servum in homine arbitrium indicere; non debet virtus tolli ut tollatur arrogantia. Sufficit primo, quod nec velle nec perficere possunt, nisi Deus & voluntatem excitet & vires augeat; secundo, quod ea, quæ divinis adjuti viribus faciunt, nullo modo dignitate & pretio divinæ gratiæ respondeant, sed infinito intervallo ab ea absint.* Et quoy que les Juifs d'aujourd'huy soient estimez avec raison, ennemis de la grace, en ce qu'ils plaident si opiniâtrement en faveur du liberal arbitre, si est-ce que la verité a extorqué de leur fameux Rabbi Menasseh ben Israël, mon bon amy, & de plusieurs autres de leurs sçavans Autheurs,

theurs, des confessions qui n'estoient pas fort éloignées de l'ortodoxe, bien qu'elles fussent fondées sur des principes erronées. Il me souvient à ce propos qu'un Juif, Professeur en langue Hebraïque, de qui j'ay receu quelques leçons, estant, comme le reste de sa nation, un violent & opiniâtre champion du liberal arbitre, s'imagina que cette liberté-là, qui nous semble diminuer l'obligation de l'homme envers son Createur, luy rendoit au contraire encor plus redevable : car un jour que nous discourions privement luy & moy, de la religion, il me dit, qu'à son gré les hommes estoient plus obligez à Dieu, que les Anges, car, dit-il, *au lieu que Dieu a gratifié les Anges de la bien-heureuse condition dont ils joüissent, par un pur effet de sa bonté, & sans qu'ils y ayent contribué leurs bonnes œuvres ; en donnant à l'homme un liberal arbitre, par lequel il peut ou glorifier ou deshonorer son Createur selon qu'il en use bien ou mal, il luy a accordé la haute satisfaction & le glorieux privilege de cooperer à son propre bonheur.*

SECT.

SECT. XVIII.

NOus sommes parvenus Linda-mor, à la derniere des pro-prietez, qui rendent Dieu le plus digne & le plus convenable object de nos affections, c'est à sçavoir l'a-vantage qui nous revient de son a-mour, tant en cette vie qu'en celle qui est à venir : premierement c'est de là, que nous recevons tout ce que nous possedons de bien en ce monde. Nous luy devons tout ce que nous avons & tout ce que nous sommes ; car nous pouvons bien dire avec verité comme le Prophe-te David, *c'est luy qui nous a faits, nous ne nous sommes pas faits nous-mêmes* ; & nous n'estions pas seu-lement en ses mains comme l'ar-gille en la main du potier, pour faire de nous ce qu'il auroit trou-vé bon; mais nous estions si pure-ment & si entierement la negati-ve, d'où nous avons esté tirez, que s'il avoit voulu, il auroit pû nous laisser eternellement dans nô-tre premier neant. Son amour est l'unique & originelle source de tou-tes nos benedictions; tout le reste ne

sert

fert que de conduit & d'inftru-
ment, pour les faire tomber entre
nos mains : Voftre efprit vous ac-
quiert de l'eftime, voftre induftrie
vous fait amaffer des threfors ; Mais,
qui vous a donné cét efprit, d'où
vous vient cette induftrie, & qui
eft-ce qui la fait profperer ? Pour
vray, Dieu ne nous donne pas
moins tous les biens que nous poffe-
dons, que celuy, qui donne dix
mil francs à un gueux, luy donne le
boire & le manger & toute la bra-
verie qu'il en achette : Mais outre
ces prefens fi vifibles de la bonté
de Dieu, nous en recevons d'autres qui pour n'eftre pas fi ap-
parens, à caufe qu'ils font plus
communs, ne laiffent pas neanmoins d'eftre autant eftimés, lors
que la privation ou la perte 'd'i-
ceux nous a fait fentir ce qu'ils va-
lent : Si j'avois le loifir, Lindamor, de conduire vos penfées jufqu'aux galeres, & de vous y montrer ces malheureux efclaves, qui
tirent à la rame où ils font en-
chainez, & qui, tout expofez
qu'ils font aux miferes & aux fatigues de la mer, ont fouvent fujet, à caufe du barbare traitement
qu'on

qu'on leur fait quand ils sont à terre, de craindre moins la mer, que quelque port que ce soit, si ce n'est celuy de la mort. Si je pouvois vous ouvrir le rideau des malades, & des mourants, & vous faire voir cette Scene triste, où les uns s'en vont lentement accablez de peine & d'angoisse, qui les privent des joyes & des avantages, & ce qui est encor pire, de l'usage même de la vie, avant que d'en estre privez ; les autres respirent plustost qu'ils ne vivent, estant continuellement tourmentez ou de leur maladie, ou des remedes qu'on leur donne, pour prolonger une vie malheureuse, par un moyen qui la fait devenir un trouble ; & les autres sont aux mains avec la mort, se debatant inutilement contre ses assauts, qui peut-estre les tourmentent moins, que le triste prospect de leur vie passée, & le souvenir de ces voluptez criminelles, que bien souvent ils quittent avec moins de regret, qu'ils n'en ont de les avoir goustées. Si je vous faisois voir dans ces Hospitaux les representations differentes de la misere humaine, & combien d'ames, logées à l'estroit dans des corps racourcis, voyent leurs

pau-

pauvres cabanes s'en retourner tous
les jours en pousſiere ; ces pauvres
creatures perdant un membre aprés
un autre, & ſurvivant à une partie
d'eux-mêmes, ne vivent que pour ſe
voir mourir & pour ſe voir enterrer
piece à piece. Enfin Lindamor, ſi
je vous montrois toutes les compa-
gnies de ceux qui lamentent, & qui
font la plus part du genre humain,
ſi je vous pouvois procurer la veuë
des ruiſſeaux de larmes, qui arrou-
ſent preſque par tout la face de cette
valée de miſere ; vous trouveriez
peut-eſtre, de quoy croire, que les
faveurs privatives de Dieu peuvent
aller du pair avec les poſitives, &
que vous ne luy devez guere moins
pource que vous n'eſtes pas, que
pource que vous eſtes, puis que c'eſt
à ſa ſeule mercy diſcriminative,
que vous devez l'exemption des mi-
ſeres, qui n'eſt pas une moindre grace, que la diſtribution de ſes biens.
Car la queſtion que fait l'Apoſtre,
dans ſa premiere aux Corinthiens,
touchant la condition ſpirituelle, ſe
peut tout auſſi-bien faire au regard
de la temporelle. *Qui eſt-ce qui met* Chap. 4.2.
difference entre toy & un autre. Et
ſur cela, Lindamor, je vous diray

une

une chose, c'est que vous estes encore plus obligé à la dilection de Dieu, de ce qu'il vous a garanti de ces grands vices, qui defigurent la plus part des ames, que de vous avoir exempté des maux, qui alterent le temperament de nos corps, lesquels à la verité, nous ressentons davantage, mais qui pourtant sont bien moins dangereux : L'ambition, la convoitise, l'avarice, l'appetit de vengeance, & même cette vaine conversation, que les jeunes Cavaliers, comme vous, estiment une chose innocente, sont reellement & de fait des calamitez & des maladies plus dangereuses, que celles qui nous forcent à prendre medecine, ou qui nous reduisent aux Hospitaux. Pour vous faire concevoir la verité de ce Paradoxe, il n'est pas besoin de vous dire, qu'il faut juger du danger de la maladie par la qualité de la partie affectée ; car je vous puis alleguer, que celuy qui ne peut errer, justifie tous les jours nostre assertion, en envoyant des maladies & des calamitez les plus rudes, à ceux qui luy sont les plus

chers,

chers, ou pour les preserver de la contagion du peché, ou pour les guerir des habitudes qu'ils en ont contractées, qui sont mal seantes à ses enfans; C'est pourquoy, puis que quand nous voyons une bonne mere appliquer un cautere au cou de son cher enfant, qui est menacé d'apoplexie, nous concluons sans scrupule aucun, qu'elle estime le trouble du cautere un mal inferieur à celuy des convulsions; aussi quand nous voyons nostre Pere Celeste envoyer des infirmitez & des afflictions, à ceux qu'il ayme, pour les preserver de la contagion ou de la domination du peché, nous pouvons conclure hardiment, qu'il estime l'affliction un mal moindre, que le peché: Car il est un trop sage & trop indulgent medecin pour nous vouloir guerir par un remede pire que le mal même.

Dans le huitiéme du Deuteronome nous lisons un avertissement bien notable, qui fut donné au peuple d'Israël, *Garde toy*, dit le Prophete, *que quand tu mangeras & seras soulé & auras edifié de belles maisons*

&

& y demeureras, & que tes brebis & tes bœufs seront multipliez, & que l'argent & l'or te sera multiplié, & tout ce que tu as, ton cœur ne s'éleve, & que tu ne dies en ton cœur, Ma puissance & la force de ma main m'a donné ces biens, mais aye memoire du Seigneur ton Dieu; Car c'est celuy qui t'a donné cette puissance pour avoir ces biens, &c. En effet la prosperité a cela de mal, qu'elle fait oublier toutes choses à la reserve d'elle-même, & du plaisir qu'on en reçoit : Ce n'est pas les Israëlites seulement, que Dieu peut accuser d'avoir mis en oubli sa bonté, comme il se plaint d'Ephraïm en disant, *J'ay apris Ephraïm à marcher, en le prenant par les bras, mais ils n'ont point connu que je les ay gueris :* Il n'y en a que trop, dont il pourroit dire encore aujourd'huy : *Elle n'a point connu, que je luy avois donné le froment, & le vin & l'huile, & luy avois multiplié l'or & l'argent, qu'ils ont donné à Baal : Pourtant je retourneray & prendray mon froment en son temps & mon vin en son temps, & recouvreray ma laine, & mon lin, qui couvroient sa honte.* Or pour servir au dessein que j'ay fait, d'étaller les avantages, qui nous reviennent

de

de la dilection de Dieu, je vous diray, que pour ce qui regarde les biens spirituels, il nous donne dés cette vie des arrhes & des avantgouts si riches de la joye que nous attandons, que même ces arrhes-là font un fonds suffisant pour nous faire subsister avec contentement, & que c'est veritablement un bien, qui passe en valeur tous les plaisirs temporels, que Dieu veut que nous quittions, pour conserver un droit aux eternels. Mais pour faire un denombrement particulier de tous les biens, que nous recevons de Dieu en cette vie, il nous faudroit employer une bonne partie de nos jours. Et cependant l'amour qu'il nous porte ne meurt pas avec nous, il n'en est pas comme des affections des hommes, qui s'enterrent avec nos corps, ou si elles survivent nos funerailles, ce n'est que dans un regret, qui nous est inutile, ou dans une estime qui nous sert aussi peu. Tant s'en faut que l'amour de Dieu se contente de nous accompagner au tombeau, & puis nous laisse là, comme font la plus part des amis ordinaires, qu'au contraire, de même que les Anges, aprés que Lazare fut mort, prirent

son

son ame & la porterent dans le sein d'Abraham, sa dilection commence à se manifester davantage, lors que nous avons les yeux clos, & sa fidelité & benignité se demontre le plus à l'ame bien-aimée, aprés qu'elle est detachée de son corps; Il n'y a pas un des Saints qui n'ait sujet de dire de Dieu, ce que Naomi disoit de Boas, *Il ne desiste point de sa bonté envers les vivans & les morts.* Et Saint Jean dans sa premiere, chap. 3. v. 2. *Bien-aymez,* dit-il, *nous sommes maintenant Enfans de Dieu, mais ce que nous serons n'est point encore apparu: Or nous sçavons qu'aprés qu'il sera apparu, nous serons semblables à luy: car nous le verrons ainsi qu'il est.* Cette bien-heureuse esperance & attente sera maintenant le sujet de mon discours.

Ruth.
2.20.

SECT. XIX.

AVant que d'entreprendre la description de la felicité, qui nous est reservée dans le ciel, j'ay peur, Lindamor, qu'il est necessaire de vous dire, qu'il nous est permis d'y porter nos pensées & nos desirs. Car nous avons des predicateurs, & de la
plus

plus haute eſtime , qui depuis peu
ont enſeigné, que d'eſperer le Ciel,
c'eſt le fait d'une affection mercenaire & legale, indigne des enfants
de Dieu. Il eſt vray que de ſe pro-
mettre le Ciel comme une choſe
meritée, & comme le ſalaire de nos
œuvres, à parler proprement & à
la rigueur, ce ſeroit une preſom-
ption que ces Meſſieurs-là ne ſçau-
roient trop deteſter & haïr, & peut-
eſtre, pas plus que je ne fais. Mais
de mettre les benedictions de Dieu
entre les motifs & les raiſons , qui
nous obligent à l'aimer, ce n'eſt faire que ce qu'a fait celuy qui dit. *J'ayme l'eternel dautant qu'il a ouy ma
voix & ma ſupplication* ; Et ſi nous
jettons les yeux ſur les joyes du Ciel,
pour nous conſoler & nous fortifier
dans les fatigues & les pertes qu'il
nous faut ſouffrir en y allant, nous
n'imiterons en cela que Moyſe, duquel il eſt dit, qu'il *eſtimoit que l'opprobre de Chriſt eſtoit de plus grandes
richeſſes , que les threſors d'Egipte,*
Car il regardoit à la remuneration :
J'avouë, Lindamor , que c'eſt une
heureuſe conſtitution d'ame, de pouvoir aymer Dieu purement & ſim-
plement à cauſe de luy-même , ſans
aucun

aucun égard à noſtre avantage particulier. Mais quoy que je n'oſe pas
dire, qu'il ſoit impoſſible de parvenir à ce haut degré d'amour desintereſſé, j'eſtime pourtant, que cette
excellente perfection, qu'on ſuppo-
ſe d'eſtre donnée à quelques hommes, n'eſt en aucun lieu des Ecritures requiſe de nous, comme un
devoir general. Veritablement, ſi
toute la recompenſe de la pieté eſtoit
d'une nature mondaine, & qu'elle
ne deuſt eſtre receuë qu'icy bas, ce
que nous ferions, eſtant allechez par
l'eſperance d'en joüir, ſe pourroit
appéller mercenaire. Mais ſi nous eſ-
perons & ſouhaitons le Ciel, principalement à raiſon de ce qu'il nous
admettra à la joüiſſance de Dieu en
Chriſt, & que d'autre coſté les joyes
que nous y attandons ſont ſi loin
d'eſtre ſenſuelles, que nous n'en
pouvons joüir, avant que la mort
ait aboli nos ſens & nos corps, &
toutes nos facultez purement anima-
les : Je dis que d'abandonner tous les
plaiſirs des ſens, & de ſe ſoûmettre
volontairement aux fatigues & aux
dangers, qui accompagnent ordinairement la vie ſainte, pour l'a-
mour d'un Ciel, tel que nous l'a-
vons

vons consideré, c'est, mon cher Lindamor, une sorte d'amour mercenaire, dont tout autre qu'une ame
resignée, noble, & pleine de foy, ne
peut apparemment estre coupable.
Et si je disois, que la crainte, voire
la crainte des enfers, peut estre un
motif legitime de fuir le mal & de
faire le bien, encor que ma proposi-
tion fust estimée un paradoxe, je ne
soûtiendrois, peut-estre, que ce que
l'Ecriture en dit. L'Apostre dans *Chap.*
son Epistre aux Hebreux dit ainsi *4. v. 1.*
Craignons donc que quelqu'un d'entre
vous, ayant delaissé la promesse d'en-
trer au repos d'iceluy, ne s'en trouve
privé. Et Saint Paul, qui estoit un
heraut si eminent de l'Evangile, &
qui a maintenu avec tant de succez
l'esprit Evangelique contre l'esprit
Legal, n'a pas laissé de dire de luy-
même, *Je matte & reduis mon corps*
en servitude, de peur qu'en quelque
sorte, aprés avoir presché aux autres,
je ne sois trouvé moy-même non rece-
vable. Et ce n'estoit pas à des escla-
ves, ou à des mercenaires, que le
Seigneur donnoit cét avertissement.
Or je dis à vous, mes amis, n'ayez *Luc.*
point de peur de ceux qui tuent le corps *12. 4 5.*
& qui aprés cela ne sçauroient rien
G *faire*

faire davantage, mais je vous montreray qui vous devez craindre; craignez celuy qui a puiſſance, aprés qu'il a tué, d'envoyer en la gehenne, voire je vous dis craignez celuy-là. Et ce redoublement de precepte, ou d'avis, n'a pas eſté ſans cauſe, comme il paroit par noſtre controverſe d'aujourd'huy ; & l'attribut que le Seigneur donne à Dieu en ce lieu-là, n'eſt pas une deſcription toute pure, c'eſt auſſi un raiſonnement, qui nous apprend, non ſeulement qui nous devons, & qui nous ne devons pas craindre; mais encore la cauſe pourquoy nous devons craindre l'un & non pas l'autre; de même que quand Saint Paul dit, *Je ſçay en qui j'ay creu*, il entend quelle ſorte de perſonne, & combien il eſt fidelle, c'eſt pourquoy il ajoûte auſſi-toſt, *& ſuis perſuadé qu'il eſt puiſſant, pour garder mon depoſt, juſques à cette journée-la*. Je pourrois alleguer pluſieurs autres textes de même nature, mais mon deſſein eſt ſeulement de faciliter la reception de l'autre verité qui precede, & qui eſt plus plauſible, & qui à mon avis nous eſt auſſi tres-clairement enſeignée

dans

dans les paſſages ſusalleguez, & autres, que j'ay expreſſement tirez du nouveau teſtament, à ce qu'ils ayent davantage d'authorité envers quelques-uns de nos Antagoniſtes. L'Apoſtre nous dit dans ſon Epiſtre aux Philippiens, chap. 3. v. 14. *Je tire vers le but, aſſavoir au prix de la ſupernelle vocation de Dieu en Jeſus-Chriſt.* Et dans l'Apocalipſe il eſt écrit, *bien-heureux ſont ceux, qui font ſes commandemens, afin qu'ils ayent droit en l'arbre de vie, & qu'ils entrent par les portes en la cité.* Et dans la premiere à Timothée, chap. 6. v. 19. *Se faiſant un threſor d'un bon fondement pour l'avenir, afin qu'ils apprehendent la vie eternelle:* & aux Romains chap. 2. v. 17. *A ceux qui avec patience à bien faire cherchent gloire, & honneur, & immortalité, la vie Eternelle:* Et même, du Seigneur Jeſus-Chriſt, dont l'amour filiale & incomprehenſible ne peut eſtre revoqué en doute, il eſt dit, que *pour la joye, qui luy eſtoit propoſée, il a ſouffert la croix, ayant mépriſé la honte, & s'eſt aſſis à la dextre du Throne de Dieu;* & aprés tout, je ne conçois pas pourquoy ce ſeroit

une

une chofe indigne d'un enfant de Dieu, de tâcher d'augmenter une paſſion, que le Pere celeſte a deſſein d'augmenter en luy, & d'y employer les mêmes argumens, & les mêmes raiſons dont il plaiſt à Dieu de ſe ſervir pour l'exciter. Et puiſque l'Ecriture ſainte ſemble inviter ouvertement nos eſperances, par ce paſſage de Saint Paul. *Quiconque luite vit entierement par regime : & quand à ceux-là, ils le font pour avoir une couronne corruptible ; mais nous une incorruptible :* & par ces paroles du Seigneur, *Ejoüiſſez vous & vous égayez ; car voſtre ſalaire eſt grand és Cieux :* & dans l'Apocalipſe, *ſois fidelle juſqu'à la mort, & je te donneray la couronne de vie,* & pluſieurs autres paſſages de même force ; Puiſque dis-je l'Ecriture ſemble exciter nos eſperances, ne ſeroit-ce pas l'accuſer d'eſtre propre à nous tromper & à nous enlacer, de dire qu'elle nous propoſe des objects ſi puiſſans à enflamer nos paſſions, & que cependant il y a du peché à entretenir & embraſſer ces paſſions-là qui en font inſeparables ? Et pour vray, Lindamor, puis-que Dieu, qui nous a faits, & qui par conſequent connoit

noit la nature & la conftitution de
nos ames incomparablement mieux
que nous, trouve bon d'employer
les efperances & les craintes pour
nous engager à fon fervice, il nous
eft fort mal feant, & de trouver à dire
à la methode dont il fe fert pour
agir fur nos efprits, & de rejetter
aucunes des aides, qu'il luy a pleu
de nous donner pour augmenter la
pieté en nos cœurs : Et tout de bon,
j'ay obfervé, que dans les plus faints,
la pieté trouve affez de refiftance,
pour les empécher de croire, qu'aucun aide qu'on luy puiffe donner
foit fuperftitieux ; & à dire le vray,
quand je confidere l'influence que
l'efperance ou fon defaut ont fur
nos efprits, pour nous encourager,
ou pour nous décourager d'entreprendre quelque chofe, je crains
fort, que puis que les efperances de
poffeder le Ciel, tout charmantes
qu'elles font, n'empefchent pas que
nos efforts ne foient fort languiffans,
fi on nous oftoit l'aide & le fupport
de ces efperances-là, nos foibles efforts deviendroient bien-toft rien du
tout.

G 3   SECT.

SECT. XX.

J'Avoüe que j'ay un peu estudié la controverse, & cependant j'y prens si peu de plaisir, que si ce que je dois à la verité, & à la nature du discours qui me reste à faire, ne m'avoit forcé à m'en servir, vous me pardonneriez peut-estre plus aisement, que je ne me pardonnerois à moy-même, d'avoir tant differé à vous entretenir des avantages, qui nous viennent de l'amour de Dieu envers nous; en ce qu'il nous donne dés cette vie, un droit pour le Ciel, & que cy-aprés il nous y donnera l'entrée.

Le Ciel est le siege de tant de felicité, qu'à peine conterons nous entre nos joyes, que le Ciel en est le sejour : Là l'excellence & la grandeur des biens, que nous possederons, trompera tout autant nostre attente, comme la vanité des biens d'icy-bas a coûtume de faire. L'Apostre nous dit, *qu'œuil n'a point veu, ny oreille ouy, ny n'est point monté au cœur de l'homme, ce que Dieu a preparé à ceux qui l'ayment.* Des plaisirs si purs & si raffinez ne descendent

dent pas jufqu'à nos fens; ils font
fi relevez, que nos penfées n'y peuvent pas atteindre. Que noftre ima-
gination fe forme les plus parfaites
idées de la felicité, qu'elle eft capable d'inventer; quand nous parvien-
drons dans le Ciel nous trouverons,
par une heureufe experience, que
nous avons efté trompez : le Ciel
eft un terroir, dont la fertilité con-
fifte fi uniquement à produire la
joye, que même nos méprifes &
la cheute de nos attentes contribue-
ront à noftre felicité, laquelle par-
ticipera fi fort à l'immenfité de fon
autheur tout-puiffant, que, comme
vous voyez, l'Apoftre la décrit par
une negative ; & pour nous faire
avoir des conceptions qui ne de-
rogent point à la dignité de ce que
nous poffederons un jour, il ne fe
contente pas d'éloigner nos penfées
de tout ce qu'on poffede icy-bas, il les
éleve en outre au delà de tout ce que
nous fommes capables d'imaginer : Et
afin que cette procedure de l'Apoftre vous eftonne moins, ayez agreable de confiderer, que dans le Ciel
les facultez de noftre ame ne rece-
vront pas feulement la grace d'avoir
des objects convenables & à fouhait,
G 4　　　　mais

mais elles seront aussi augmentées en capacité, & seront renduës plus nobles & plus relevées ; de sorte que non seulement nous serons remplis de joye & de felicité, mais nous serons pareillement rendus capables d'en recevoir & d'en contenir bien davantage qu'à present. Tant qu'un enfant est retenu dans la matrice, il ne se peut pas imaginer les plaisirs, dont il joüira, lors qu'il sera parvenu à la lumiere du jour, & qu'il orra la melodie des instrumens de musique, & verra la beauté des objects éclatans; le même enfant, tant qu'il demeure tel, & qu'il est au dessous de l'âge de discretion, quoy qu'il puisse avec delectation regarder des emblemes, qui sont bien peints & bien tirez, & qu'il contemple avec plaisir les beaux caracteres & les curieux ornemens d'une bible, en Grec ou en Hebreu, qui sera de belle impression, il ne peut pourtant pas s'imaginer le plaisir que ces mêmes objects-là luy donneront, lors que l'âge & l'estude auront meuri & informé son jugement, & qu'il sera capable de comprendre & de goûter la Morale excellente qui est contenuë dans ces emblêmes, & les

miste-

misteres profonds & salutaires, dont
un Lecteur pieux & entendu trouve la sainte Ecriture remplie. Car,
outre ce monde d'objects tout nou-
veaux, & qui ne se rencontrent
point ailleurs, dont l'idée même ne
peut entrer au cœur de l'homme a-
vant qu'il soit entré dans le Ciel,
nous serons capables de decouvrir
dans ceux, qui ne nous estoient pas
tout à fait inconnus, des choses qui
nous estoient auparavant invisibles,
& d'en tirer des satisfactions nouvelles & plus grandes. Ne trouvez pas
estrange, Lindamor, qu'en vous
entretenant des joyes du Ciel, je me
serve de termes, qui me semblent
le moins deroger à la dignité d'un su-
jét, qui est autant au dessus de toutes
nos loüanges, comme le Ciel, qui
en donne la joüissance, est élevé par
dessus nos testes. Car encore que
de telles expressions puissent sembler
un peu trop enflées, & trop hautes,
& plus propres pour des loüanges
que pour de simples assertions; je
ne puis pourtant faire aucun scrupule
d'user d'hiperboles en apparence,
dans la description de ces felicitez,
dont on ne peut parler hiperbolique-
ment: Car, Lindamor, les joyes du

                    Ciel

Ciel ſont comme les Eſtoiles, qui
nous ſemblent petites acauſe de leur
éloignement, quoy qu'effectivement
elles ſoient ſi grandes, qu'une ſeule,
& encor pas des plus vaſtes, eſt beaucoup plus grande, que toute la terre.
C'eſtpourquoy, de même que ſi je
voulois vous faire contempler les
planettes, ce ſeroit avec une de ces
lunettes, qui ont la proprieté de groſ-
ſir les objects, pour remedier un peu
au desavantage que l'éloignement
leur apporte, & vous les montrer
avec un peu moins de diminution de
leur veritable grandeur ; Ainſi, ayant
à vous faire voir les felicitez du Ciel,
je ne crois pas qu'il ſoit illicite ny impertinent, de tâcher, en vous en
donnant une repreſentation qui
paſſe un peu l'apparence, de vous les
faire concevoir d'autant moins in-
ferieures à ce qu'elles ſont en ef-
fect.

SECT. XXI.

DAns le Ciel, donc, nous gouſte-
rons aſſez la felicité pour eſtre
capables d'en donner une juſte defi-
nition ; là nous apprendrons le vray
nom & le veritable prix de toutes
ſortes

fortes de biens, par le moyen de ceux
qui compoferont noftre felicité, qui
confiftera en une confluence, perfection & perpetuïté de toutes fortes
de joyes veritables : Car le Ciel ne
nous rendra pas heureux en la maniere que la Philofophie le pretend,
c'eft a dire en bridant nos affections
& nos defirs, mais ce fera en nous en
donnant une entiere & parfaite jouïf-
fance ; & comme nos defirs ne manqueront jamais d'eftre accomplis, ils
ne manqueront auffi jamais d'eftre
juftes ; & comme noftre raifon,
eftant rectifiée, jugera fainement
des chofes, nous nous eftimerons
plus heureux de ne pouvoir errer dans
le choix, que de ne pouvoir faillir
d'obtenir ce que nous aurons defiré. Nous ferons alors femblables aux
Saints, que nous admirons ici-bas,
& nous n'aurons pas feulement l'a-
vantage de voir & de reffembler à ces
pieux Heros, dont les vertus eclipfent
tout ce qui a deifié ces merveilleux
hommes, entre les payens, qui ont
inftruit & anobli le genre humain, &
qui nous donnent fujet de nous glorifier, & de rougir tout enfemble, de
ce que nous fommes hommes ; mais
nous aurons de plus l'honneur de

les

les avoir constamment pour nos a-
mis familiers, d'estre compagnons
à jamais de ces bien-heureux esprits
des Justes sanctifiez, dont nous au-
gmenterons le nombre : Là nous
jouïrons aussi de la bien-heureuse
conversation de ces glorieux Anges,
que Dieu à revestus d'un lustre si
éclatant, qu'encor qu'ils se degui-
sent, lors qu'ils paroissent devant
nous, leur deguisement empesche
à peine que nous n'en venions jusqu'à l'idolatrie, & que ces objects
merveilleux n'excitent à l'adoration,
aussi-bien qu'à l'estonnement. Enfin
nous y verrons un object à faire mourir de ravissement & de joye. C'est
ce bien-heureux Sauveur, dont les
saintes Ecritures nous apprennent
tant & de si grandes choses ; C'est
celuy, qui ayant tant fait & tant
souffert pour nous, merite doublement nostre plus haute reconnoissance, & pour les bienfaits inestima-
bles que nous en recevons, & pour
les perfections infinies qu'il possede.

Ouy, nous verrons là cette sainte
& divine personne, qui durant le
temps de sa demeure entre les hommes, pour les rendre par ses merites
& par son exemple propres à demeurer

rer avec luy dans le Ciel, a sceu faire
un meslange si admirable d'une ma-
jesté redoutable & d'une debonnai-
reté tout à fait humble, des infirmitez de la nature humaine qu'il avoit
prise, & de l'éclat de la divine, qui
luy estoit naturelle; luy qui dans
tout le cours de sa vie a fait paroistre
une vertu si haute & si parfaite, &
avec cela, tant de douceur & de mo-
deration envers les foibles & ceux
qui estoient le plus éloignez de la
perfection, que les Juifs mêmes ont
dit de luy, qu'il avoit bien fait toutes choses; & ses propres ennemis,
qui furent employez pour l'empoi-
gner comme un malfaiteur, confes-
ferent à ceux qui les avoient en-
voyez, que jamais homme ne parla
comme luy. Et les Apostres, qui a-
voient le plus d'opportunité d'observer & d'éplucher ses actions, & qui
au reste estoient d'une naissance &
d'une education assez mal propres à
inspirer des resolutions heroïques,
n'ont pas laissé de juger, malgré les
reprehensions frequentes qu'il leur
faisoit, & les fatigues qu'il leur faloit souffrir en le servant, qu'il va-
loit mieux mourir auprez de luy, que
de vivre & en estre éloigné. Mais il

faut

faut que vous ſçachiez, Lindamor, que nous ne verrons pas là cét adorable Redempteur ſous la forme de ſerviteur, qu'il avoit priſe pour ſouffrir, & pour exercer ſur la terre, ſes fonctions de Sacrificateur & de Prophete ; nous le verrons environné de cette pompe magnifique, qui luy appartient en qualité de Roy ; à raiſon de laquelle il eſt appellé Roy des Roys & Seigneur des Seigneurs. Toute puiſſance luy ayant eſté donnée au Ciel, & en la terre. Que penſez vous que peut eſtre à preſent le luſtre & la magnificence de ce Monarque divin, qui eſt aſſis à la dextre du Pere, puiſque dans ſon eſtat d'abaiſſement, & lors qu'il eſtoit au deſert entre les beſtes ſauvages, il a eu des Anges à le ſervir ; & lors qu'il eſtoit emmailloté dans une creche, les armées celeſtes ont ſolenniſé ſa naiſſance miraculeuſe. Suivant ce paſſage de l'Epiſtre aux Hebreux, où il eſt dit, que *quand il introduit au monde ſon fils premier-né, il dit, & que tous les Anges de Dieu l'adorent.* Et cependant ces intelligences ſpirituelles, qu'on appelle Anges, ſont des creatures ſi nobles & ſi conſiderables, qu'un d'eux à pû tout ſeul, en une nuict,

Chap. I. v. 6.

nuict, deſtruire cent quatre-vingt
mil hommes dans le camp de Senna-
cherib. La nature leur a donné tant
de majeſté & une ſuperiorité ſi grande pardeſſus les plus eminens des
hommes, que quand Joſué en eut
defié un, qui luy apparut en forme
d'homme, & qu'il luy eut demandé,
qui vive, ſi-toſt qu'il reconnut que
c'eſtoit un Ange, il changea ſon defy
en une ſoûmiſſion profonde, & luy
dit, *que veut Monſeigneur à ſon ſervi-*
teur, il eſt vray qu'il ſuppoſa, peut-
eſtre, que c'eſtoit le Meſſie promis;
qui eſt appellé par le Prophete *l'An-*
ge de l'alliance, & *le Seigneur*.

Chap.
5.v.14.

Mal.
3. 1.

Et le ſage & ſaint perſonnage Daniel, qui eſtoit le ſecond homme du
monde en puiſſance, & le premier en
ſapience & en entendement; luy qui
eſtoit élevé par deſſus tant de Gouverneurs de Provinces, & au deſſus de
tant de Profeſſeurs en magie, ne laiſſa
pas de côfeſſer à l'Ange, qui luy eſtoit
apparu, qu'il avoit eſté confondu par
ſa preſence, & qu'il ne luy eſtoit reſté
ny force ny vertu; & il luy dit en outre,
comment pourra le ſerviteur de ce mien
Seigneur, parler avec cettuy mon Sei-
gneur; il n'eſt reſté en moy nulle force, &
mon haleine n'eſt point demeurée en moy.

Nous

Nous pouvons donc bien croire, fans danger, que nous ne verrons pas nôtre Seigneur & Sauveur avec ce deguifement, qui l'a defiguré aux yeux de ceux qui ne confideroient que fes fouffrances ; Nous le verrons dans cette condition triomphante, qu'il a meritée en fouffrant. Les épines de fa Couronne, qui au lieu de le bleffer maintenant luy fervent d'ornement, nous paroiftront, fur fon chef rayonnant, beaucoup plus glorieufes, que celles du buiffon ardant ne parurent à Moyfe. Nous ne verrons plus en luy cette forme contemptible, qui a fait dire au Prophete. *Il n'y a en luy ny façon ny beauté, il n'y a point de forme pour eftre defiré.* Nous le verrons accompagné de tant de majefté, & fi reluifant de fa fplendeur & beauté naturelle, que nous le jugerons avec raifon digne d'eftre appellé *l'Admirable.* Et plus nous le regarderons, & plus nos ames ravies trouveront de fujet d'imiter l'Epoufe au Cantique de Salomon, où aprés avoir demeuré quelque temps à magnifier la beauté de chaque partie, qui fert à rendre fon divin Epoux accompli, elle s'écrie, *Il n'y a en luy que chofes defirables, c'eft mon defiré.*

Ses

Ses yeux nous paroiſtront comme de feu, & lanceront, dans le cœur des ſpectateurs bien-heureux, des flammes auſſi pures, auſſi ſaintes & immortelles, que celles, dont quelques-uns des Peres ont pû ſuppoſer, que les Seraphims eſtoient formez.

Enfin, puiſque les choſes, que Dieu a reſervées à ceux qui l'ayment, ne ſont point montées en cœur d'homme, il faut de neceſſité que le ſimple terme d'inconcevable ne ſoit pas aſſez pour exprimer la grandeur de la gloire, dont Dieu a couronné les ſouffrances & l'obeïſſance de ce fils unique de ſa dilection, en faveur duquel il accorde à tant de miliers d'hommes une gloire qu'on ne peut concevoir.

Celuy, qui donne à pluſieurs de ſes ſerviteurs de reluire comme les Etoiles du firmament, communiquera ſans doute un luſtre plus éclatant au Soleil de juſtice, à ce fils unique & bien-aymé, *Qu'il a fait heritier de toutes choſes, & par qui auſſi il a fait les ſiecles, & qui eſtant la reſplendeur de la gloire, & la marque engravée de la perſonne du Pere, & ſoûtenant toutes choſes par ſa parole puiſſan-*

Apoc.
1. 14.

Ils ont crû que les Anges avoient des corps.

Dan.
12. 3.

Heb. 1.
v. 2. 3.

puiſſante, ayant fait par ſoy-même la purgation de nos pechez, s'eſt aſſis à la dextre de la majeſté és lieux tres-hauts, par deſſus toute principauté, & puiſſance, & vertu, & Seigneurie, & par deſſus tout nom, qui eſt nommé non ſeulement en ce ſiecle, mais en celuy qui eſt à venir; Dieu l'ayant par ce moyen exalté non ſeulement pardeſſus tous les Princes & tous les Potentats de la terre, mais auſſi pardeſſus les ordres les plus relevez des eſprits de la Hierarchie celeſte.

SECT. XXII.

MAis ne craignez pas, Lindamor, que cette grande exaltation de Chriſt luy face mépriſer le moindre de ſes Saints, ou qu'il dédaigne à preſent d'avoir communion avec eux. Car Saint Paul nous aſſure, Ph. 2. *qu'il eſtoit en forme de Dieu, quand* v. 7. *il conſentit à prendre la forme de ſerviteur pour nous affranchir ;* & s'il eſt deſcendu ſi bas pour nous faire monter au Ciel; il n'y a point de doute qu'il ne nous face un bon accœuil, quand nous y ſerons parvenus.

Du-

Durant les jours de sa chair il ne voulut pas méconnoitre Lazare, tout mort & enterré qu'il estoit, & dans cette condition contemptible il l'honora du tître glorieux de son amy : Et lors qu'il descendoit de la montagne des Oliviers, toutes les acclamations de la multitude, qui luy chantoit des Hosannas, & qui couvroit les chemins de leurs vestemens & de rameaux de palmes, n'empécherent pas qu'il ne deplorât avec larmes la ruine prochaine de Jerusalem, & qu'il ne témoignast même au milieu de son triomphe, qu'il s'interessoit pour les plus obstinez, & les plus malicieux de tous ses ennemis. Et de peur qu'on ne pense, qu'il s'interessoit alors pour les hommes, à raison qu'il estoit luy‑même sujet aux miseres de leur condition ; ayez la bonté de considerer, qu'immediatement aprés sa resurrection, lors que le sentiment de ce change subit & merveilleux de sa condition estoit tout frais, & que la memoire de l'ingratitude des Apostres, qui l'avoient abandonné, estoit encore recente, il donna à ces mêmes deserteurs‑là le tître relevé de ses freres, ce qu'il n'avoit jamais fait

Luc. 19.

aupar-

auparavant : Et il témoigna un soin particulier de Pierre, qui aprés s'estre tant vanté, & avoir comme defié la mort & la prediction de Christ, l'avoit abandonné & renié lâchement. Tout glorieux qu'il est dans le Ciel, il s'interesse si fort pour ses pauvres membres qui sont sur la terre, que Act. 7. lors qu'Estienne fut lapidé, il luy fit voir la gloire de Dieu, & le fils de l'homme à la dextre de Dieu son Pere, pour le fortifier & consoler dans Chap. cette agonie. Et lors que Saul perse-9. 4. cutoit les pauvres Chrestiens, il luy cria du Ciel, *Saul, Saul, pourquoy me perfecutes tu ?* Comme si luy & ceux qui l'aiment n'estoient qu'une seule & même personne : mais sur tout, les messages, qu'il envoye aux Anges ou aux Gouverneurs des sept Eglises, témoignent que châque Chrétien en particulier occupe sa pensée, comme si elle n'avoit pas d'autres objects. Non, non, sa grandeur ne rendra pas sa benignité moins familiere, elle ne la rendra que plus obligeante; il n'a pas dédaigné depuis son ascension dans le Ciel, de dire. *Voicy, je me tiens à la porte, & frappe, si quelqu'un oit ma voix, & m'ouvre la porte, j'entreray vers luy, & fouperay*

peray avec luy, & luy avec moy. Le Roy.dans cette parabole, où Jesus-Chrift eft figuré, fait careffe à chacun de fes bons ferviteurs en particulier, & luy dit, *Cela va bien, bon fer-* *viteur & loyal:* & par une autre parabole, il reprefente bien la familiarité & les grandes condefcendences dont il honorera fes ferviteurs fideles & vigilants, lors qu'il dit à fes difciples; *Bien-heureux font ces ferviteurs-là, que le maiftre trouvera veillans quand il arrivera. En verité je vous dis, qu'il fe trouffera, & les fera mettre à table, & s'avançant les fervira.* Or vous ne vous eftonnerez pas tant de cette maniere de parler, fi vous confiderez premierement, qu'elle eft parabolique, & que par confequent il ne la faut pas prendre au pied de la lettre; & en fecond lieu que le Seigneur, durant fon fejour ici-bas, n'a pas dédaigné de converfer familierement avec les peagers & gens de mauvaife vie, ny auffi de laver les pieds de fes propres difciples & domeftiques: & s'il en a ufé de la forte avec des foibles mortels, dont une bonne partie eftoit capable d'abufer de fes graces & de les tourner eu diffolution; il ne faut pas trouver

eftran-

Mat. 25.

Luc. 12. 17.

eftrange qu'il ait une condefcendence & une bonté particuliere, pour ceux qui font rendus incapables de pecher, & qui par confequent ne peuvent tirer de fes faveurs, que des occafions de joye & de reconnoiffance : Ne m'accufez pas d'eftre impertinent ou ridicule, fi je parois fi foigneux de vous faire avoir des fentimens relevez de la dignité, & felicité incomparable de noftre Sauveur glorifié, & fi j'ay tâché de vous faire comprendre, par des termes les plus magnifiques que j'ay pû tirer des Ecritures, que cét adorable Soleil de juftice ne peut plus recevoir d'eclipfe, & qu'il reluit aujourd'huy & pour toûjours, d'une fplendeur & d'un éclat fans nuages ; & que nous verrons dans le Ciel, couronné de gloire & d'honneur, celuy qui avoit efté fait, pour un peu de temps, moindre que les Anges. Car le Ciel nous fera doublement agreable, d'y voir regner celuy qui a fouffert pour nous tant de maux, & pour lequel auffi nous en aurons tant fouffert, fi jamais nous parvenons là : Ouy, puifque noftre charité fera renduë parfai-

te

te dans le Ciel ; la felicité ineffable de noftre cher redempteur augmentera la noftre neceffairement, à proportion de l'amour que nous aurons pour luy ; & nous n'aurons point de felicité, qui nous femble plus douce que celle-là, qui ne fera noftre felicité, qu'entant qu'elle eft la fienne, & qu'elle nous affeure qu'il à luy-même ce qu'il nous aura donné. De plus, puis que la dignité Royale, dont il eft reveftu en qualité de Mediateur, peut faire que nous ferons obligez de noftre falut à fa fentence, auffi-bien qu'à fes merites ; le Ciel nous fera incomparablement plus cher, fi nous le tenons de fa main. Il n'eft pas neceffaire de vous dire, quel prix les amants ont coutume de mettre aux faveurs de leurs Maîtreffes, & que bien fouvent un chetif ruban, un braffelet de cheveux, ou quelque autre bagatelle de cette nature, que rien ne peut rendre confiderable que la main qui les donne, font plus eftimez par le pauvre amoureux tranfporté, que les plus riches prefens de la nature ou de la fortune ; quel bon-heur à ce conte fera le noftre, d'eftre redevables d'une joye qui na pas befoin

d'aud'aucunes circonftances pour luy fai-re meriter le nom de felicité, à une perfonne fi chere, que le Ciel mê-me fera plus precieux à fes bien-ai-mez, en qualité de témoignage de fon amour, qu'en qualité de don, procedant de fa feule bonté. De mê-me qu'une fiancée, qui ayme fon fu-tur époux avec paffion, eftimera in-comparablement davantage la bague qu'il luy donne, en ce qu'elle eft un gage de fon amour, que parce qu'el-le eft d'or.

Act. 5. 4. Nous lifons, qu'aprés que les A-poftres eurent efté foüetez, ils s'en allerent de devant le Confeil, s'é-joüiffant d'avoir efté rendus dignes de fouffrir opprobre, pour le nom de Jefus: or s'ils ont eu fujet de s'é-joüir du privilege de fouffrir pour fon nom; combien en auront-ils davantage d'eftre admis à regner avec luy? la confideration de ce qu'il a luy-même enduré les travaux & les fatigues, qui accompagnent noftre condition caduque & mortelle, nous fortifie & nous encourage fi fort à les fouffrir auffi, & nous les rend fi tolerables, que même en ce fens-là Ef. 53. 5. nous pouvons dire, que *l'amende qui nous apporte la paix a efté mife fur luy.*

luy, & que par ses playes nous avons guerison.

Or celuy qui a tant fait pour nous par sa croix, fera encore plus pour nous par sa couronne, lors qu'il admettra & qu'il invitera chacun de ses fideles à l'honneur & au bon-heur indicible d'entrer dans la joye de leur Seigneur. Christ s'est fait pour nous une source si riche & si abondante de benediction, en tous ses estats & en toutes ses conditions differentes, que tant au Ciel qu'en la terre ç'a esté & sera son employ constant & gracieux, de participer à nos afflictions & de nous communiquer ses joyes, & de diminuer nos miseres par ses souffrances, ou d'accroistre nostre felicité par la sienne.

Mat. 25.21.

SECT. XXIII.

JE ne vous demanderay pas pardon de cette digression en apparence, avant que vous m'ayez convaincu que c'en est une d'insister sur la felicité de Christ dans le Ciel, ayant à traitter du bon-heur, que ceux qui l'ayment y possederont; si bien que sans perdre le temps en des excuses inutiles, je poursuivray mon discours,

H

cours, & vous diray Lindamor,
que dans le Ciel nous ne verrons
pas seulement nostre frere aisné,
Jesus-Christ, mais apparemment
aussi tous nos parens, tous nos al-
liez & tous nos amis, qui aprés a-
voir vescu icy-bas en sa crainte, y
font morts en sa grace. Car puis que
le Seigneur nous promet, que les
enfans de la resurrection seront pa-
reils aux Anges, & que Daniel &
Saint Jean nous enseignent, que ces
bien-heureux esprits se connoissent
l'un l'autre; & puis que dans la parabole du mauvais riche & du bien-
heureux pauvre, Abraham est representé comme ayant connoissance
non seulement de la personne & condition presente de Lazare, mais aussi
de sa vie passée; & puis qu'aussi l'A-
postre des Gentils attand confidem-
ment que les Thessaloniciens, qui
ont esté convertis par sa predication,
seront sa couronne & sa joye à la venuë du Seigneur: Enfin puis que la
connoissance des actions & consequemment des personnes particulieres semble estre necessaire à ce grand
dessein du Seigneur au dernier jour,
qui est de manifester sa justice par la
punition des uns, & par la recom-
pense

Luc.
20.36.

pense des autres ; Nous pouvons
croire sans danger, comme une chose fort probable, que nous nous connoistrons l'un l'autre, en un lieu où
rien ne manquant à nostre felicité,
nous ne serons pas apparamment privez du contentement d'estre heureux, dans l'estime de nos amis, qui
sont de seconds nous-mêmes ; du
moins, si par les sentimens que nous
avons aujourd'huy, nous pouvons
juger de ceux que nous aurons alors.
Et il est assez vray-semblable, que
ces amis qui nous connoistront dans
le Ciel, nous y feront un bon accœuil;
Car puis que Christ nous asseure, que
les Anges se réjouissent pour un seul
pecheur venant à s'amender, on peut
s'imaginer sans absurdité, qu'en un
lieu où la charité est renduë parfaite,
nos chers amis se réjouiront bien de
nous voir venir à Dieu, pour ne s'en
departir jamais : Et probablement
aussi, nos ames ravies se felicite-
ront mutuellement, d'avoir écha-
pé tant d'écœuils, tant de bancs
de sable, tant de tempestes mena-
çantes, & tant de calmes dangereux,
& d'estre parvenuës ensemble à ce
port de tranquillité, où l'innocence
& le plaisir, qui s'accordent rarement

                ici-

ici-bas, font des compagnons infe-
parables l'un de l'autre, & de châcun
des Saints bien-heureux qui font là.
Nous nous y réjouïrons avec ces mêmes amis, qui ont efté icy nos compagnons de fouffrance & de plaintes.
Or, il fera abfolument neceffaire,
que la connoiffance des vertus des
uns des autres nous ameine à la connoiffance mutuelle de nos perfonnes;
car nous ferons fi fort changez, que
nous ne connoiftrions jamais nos a-
mis, & peut-eftre à peine nous-mêmes, fi une eminente augmentation
de connoiffance ne faifoit une partie
de noftre heureux changement. Ces
amis decedez, que nous avons veus
fur leur depart defigurez par les
horreurs de la mort, environneront
alors le throne majeftueux de Chrift,
avec des corps transfigurez à la ref-
femblance de fon corps glorieux,
mélans leurs acclamations de joye
aux Hallelujahs des Thrones & des
Principautez & des Puiffances. Vous
pouvez bien penfer, Lindamor, que
nous ferons tranfportez à ce rencontre admirable, bien plus juftement
que ne fut Jacob à la veuë de fon fils
Jofeph, lors qu'aprés l'avoir long-
temps pleuré pour mort, il le trouva
non

non seulement en vie, mais encore
dans le plus eminent degré de faveur
auprés de Pharao, & en estat de le
pouvoir accœuillir splendidement
dans une Cour estrangere. Car au lieu
que le bon Patriarche dit à son fils,
*Que je meure maintenant, puis que j'ay
veu ta face, & que tu vis encore ?* nous
pourrons dire à nos amis, en les
voyant dans le Ciel, Nous sommes
maintenant asseurez de ne mourir jamais, & de demeurer eternellement
avec vous. La reünion des amis en ce
lieu-là n'est pas moins à couvert du
divorce que la reünion des ames &
des corps, & elle ne sera aussi guere
moins estroite & guere moins plai-
sante. Vous sçavez que même en cette vie, à moins que nos amis nous
dégoustent par quelques actions qui
ne nous plaisent pas, ou qu'ils nous
épouvantent par la contagion de
leurs miseres, nous les aymons d'ordinaire avec tant d'excés, que Dieu
est comme obligé de nous en priver,
pour nous arracher des idoles, & pour
s'exempter de rivaux : Mais en la vie
qui est à venir, la pleinitude de
graces, dont nous serons honorez,
meritera un plus haut degré d'amitié, & quant & quant le rendra

H 3.

legi-

legitime, parce que la contemplation & la joüissance des perfections
infiniment tranfcendantes du Createur, empêchera que noftre amour
pour les Creatures ne paffe les bornes, & le tiendra toûjours dans une
fubordination à l'amour que nous
devons à Dieu, dont même il ne fera que l'effet ; de même qu'il eft de
deux aiguilles, qui font fortement
attachées l'une à l'autre, elles doivent leur union à la vertu de la pierre
d'aimant, qui les a touchées, & pour
laquelle elles ont confequemment
plus d'inclination toutes deux, qu'elles n'en ont l'une pour l'autre.

SECT. XXIV.

LA auffi probablement, nous entendrons à fouhait ces mifteres
profonds & obfcurs, que les plus
fçavants Clercs font incapables de
comprendre, & ceux qui n'ayment
pas à fe flatter, reconnoiffent inge-
nuement, qu'aprés avoir employé
beaucoup de peine & d'induftrie à les
fonder, ils fe trouvent reduits à dire
avec l'Apoftre, o βάθος, en admiration de leur profondeur inconcevable. Là nous comprendrons le fens
de

Rom.
11. 33.

de ces passages difficiles du vieil & du
nouveau Testament, qui jusques icy,
pour la plus part, retiennent leur obscurité, quoy que plusieurs sçavants
expositeurs, & plusieurs hardis &
presomptueux Critiques ayent fait
leur pouvoir à les éclaircir. Là estant
rendus capables de discerner, de
quelle façon exquise & admirable
châque partie des Ecritures est ap-
propriée aux temps, aux personnes,
& aux occurrences, ausquelles leur
Autheur tout prevoyant & tout sage
les avoit destinées, nous verrons
clairement un accord, & une har-
monie parfaite entre ces textes, qui
nous semblent à present se contre-
dire le plus. Et nous n'entendrons pas
seulement le sens des textes les plus
obscurs, mais nous sçaurons aussiqu'il
estoit expedient & necessaire qu'ils
fussent écrits obscurément. Ce stile
estrange & particulier, aussi - bien
qu'occulte, des Ecritures Saintes, qui
nous couste bien souvent tant de peine & d'estude pour le reconcilier a-
vec la raison, nous paroitra, comme
il est, tout admirable & digne de son
adorable & tout sçavant Autheur.
Là j'espere que nous entendrons ces
secrets misterieux de la providence

Divine, qui n'ont que trop souvent
tenté, jusques aux gens de bien, à
revoquer en doute la conduite du
Tout-puissant dans le gouvernement
du monde, veu qu'il semble approu-
ver les calamitez & la persecution
de la vertu & de l'innocence, en
comblant de biens & de prosperitez
leurs ennemis & leurs persecuteurs.
Là nous connoistrons, que toutes ces
irregularitez en apparence, que les
Payens ont trouvé à propos d'impu-
ter aux caprices extravagans d'une
Divinité aveugle, ne sont pas seulement compatibles avec la justice &
la bonté de l'Eternel, mais que c'en
sont des effets & des productions. Et
quoy qu'un tel article de foy soit de
dure digestion à la chair & au sang,
& qu'il requiere, au jugement de
personnes d'esprit & d'intelligence,
un plus grand renoncement à soy-
même, qu'il n'en faut pour s'abste-
nir du vin, ou des richesses, ou des
femmes ; neanmoins nous le trouverons aussi raisonnable, lors que nous
serons dans le Ciel, comme il nous
paroit difficile à present. Car comme
dit Bildad, *nous ne sommes que du jour
d'hier, & sommes ignorans, dautant
que nos jours sont sur la terre comme*
l'om-

l'ombre. Et comme la brieveté de nos jours ne nous permet pas de voir plus d'une scene, ou deux au plus, de cette piece, qui est representée par le genre humain sur le grand theatre du monde, ce n'est pas merveille, que nous soyons capables de faire des jugemens sinistres de l'inventeur d'un dessein, dont nous ne sçavons ny le commencement ny la fin. Et cependant, c'est à peu prés comme si quelqu'un osoit censurer Seneque le Tragique, ou quelque autre excellent Autheur comme luy, aprés en avoir leu quelques vers detâchez, sans avoir jamais veu une piece entiere de sa façon.

Mais quand le dessein tout entier de la providence divine, & sa merveilleuse conduite dans l'administration du monde seront mis en evidence, alors toutes ces revolutions & ces occurrences d'Empires, d'Estats, de familles, & de personnes particulieres, où l'on trouve si aisement à redire, paroitront si justes, si raisonnables, & si necessaires, que cela même qui nous tente aujourd'huy à douter s'il y a un Dieu, nous engagera à luy donner des loüanges; & à parler proprement, nous ne ferons pas tant sa-

tisfaits

tisfaits de sa providence, comme
nous en serons ravis. Mais nous serons sur tout transportez d'estonnement & de gratitude, quand il plaira
au Seigneur, de découvrir à chacun
de ses serviteurs, les raisons de ses
dispensations envers eux, & qu'il
leur fera voir clairement non seulement la necessité & la justice, mais
encore la misericorde de ces mêmes
afflictions, qu'on impute le plus à
sa severité, (n'y ayant pas un coup
de sa main paternelle, ou qui tombe
plus tost, ou qui frape plus rude-
ment, ou qui continuë plus long-
temps qu'il ne faut, & que ne re-
quiert l'occasion & le sujet qui l'a
causé,) & qu'il nous fera connoitre
clairement qu'il n'a jamais frustré
nos esperances, que pour asseurer
nostre droit à des choses meilleures,
que celles que nous esperions ; &
que le prejudice qu'il a fait à nos petits interets, n'a esté que pour l'avantage de ceux, qui nous sont de plus
grande importance. Ouy, toutes
ces tenebres d'erreur & d'ignorance,
dont nos entendemens sont envi-
ronnez à present, s'évanouiront à
la venuë de ce jour glorieux du Seigneur, lors que Dieu recompen-
fera

sera noftre foy, par la refolution de
toutes les difficultez qui l'exercent,
& qui l'embaraffent aujourd'huy.
Et je vous protefte, Lindamor, (ce
qui femblera peut-eftre de mauvaife grace en un Gentil-homme de
22 ans) que l'eftude de la parole de
Dieu & de fa providence, me femble fi difficile, & tout enfemble fi
agreable & fi charmant, que quand
le Ciel n'auroit rien à nous donner
de plus grand, ou de plus precieux,
que l'éclairciffement des mifteres cachez de la Theologie & de la
providence; j'eftimerois que ce feroit affez pour nous le faire courti-
fer, & pour nous faire abandonner, à fa confideration, toutes
ces fenfualitez brutales, & toutes
ces fottes vanitez, qui font de-
cheoir les pauvres & inconfide-
rez mortels, du droit que le Sauveur y a acquis pour eux, par fa
mort.

SECT. XXV.

NOus n'aurons pas feulement,
dans le Ciel, l'honneur de converfer avec les Saints & les Anges,
mais avec la Deité même, qui a fait
les

les uns & les autres fans s'appauvrir
en rien. Nous jouirons de celuy, qui
a fabriqué les Cieux & la terre, & le
verrons tel qu'il eſt, lors qu'il ſera
tout en tous: contenant en ſoy-même tous les biens, que nous eſtimons
dans les creatures, auſſi eminemment
& abondamment, comme le Soleil
poſſede la lumiere, que nous voyons
paroître & diſparoître dans les Eſtoiles. Si Anaxagore le Philoſophe n'a
fait aucun ſcrupule de dire à celuy
qui luy demandoit pourquoy il eſtoit
né, que c'eſtoit pour contempler le
Soleil; & ſi nos plus excellens natu-
raliſtes ſont juſtement tranſportez &
ravis en admiration, des perfections
infinies que Dieu a deployées dans
ſon ouvrage, quoy que le voile qui eſt
mis ſur les choſes, & la foibleſſe des
yeux de noſtre entendement, (qu'A-
riſtote compare fort à propos aux
yeux d'un hibou en plein midy) ne
leur laiſſe diſcerner que fort peu cette ſapience, & puiſſance & bonté,
que Dieu a manifeſtées dans la creation. Et ſi la ſage Reine, qui vint de
ſi loin viſiter Salomon, tomba preſque en extaſe, à la veuë du bel ordre
avec lequel il faiſoit toutes choſes.
Quoy qu'il n'y euſt rien que d'humeur,

main ; & si enfin les Anges mêmes
desirent de penetrer dans ces misterieux ressorts, dont Dieu s'est servi
pour operer la redemption des hommes, quelle satisfaction aurons nous,
Lindamor, de voir Dieu même, aussi
distinctement qu'il nous sera donné
dans le Ciel ? veu principalemment,
qu'une si grande partie de nostre felicité future, consistera dans cette bien-
heureuse vision, que Saint Jean con- Mat.
clud, que nous serons semblables à 5. 1.
Dieu, parce que nous le verrons ainsi qu'il est : Et nostre Seigneur Jesus-
Christ paraphrase nostre felicité celeste par cette vision, quand il dit,
*bien-heureux sont ceux qui sont nets de
cœur, car ils verront Dieu :* Et au contraire l'Apostre fait consister le dernier des malheurs à estre privé de voir
cét objet adorable ; Car aprés avoir
exhorté les Hebreux à pourchasser la Heb.
paix & la santification, il ajoûte, 12.
comme la plus horrible menace, qu'il
eust pû faire pour les empécher de
mépriser son exhortation ; *sans laquelle nul ne verra Dieu :* Et il semble
aussi, que nostre cher Sauveur face
consister la felicité des Anges en cette
vision beatifique; car ayant dit, *prenez
garde que vous ne méprisiez pas un de*

I

ces

ces petits, il ajoûte, pour donner plus de poids à ce qu'il avoit dit, *car je vous dis, qu'és Cieux, leurs Anges voyent toûjours la face de mon Pere qui est és Cieux.*

Nous serons si fort occupez à la contemplation & à la jouïssance de cét objet glorieux, dans l'infinité duquel toutes sortes de biens sont renfermez & estendus, que dès siecles sans nombre, nous donneront à peine assez de loisir, pour penser à d'autres plaisirs, que ceux que nous en tirerons. Et ils seront si parfaits & en si grand nombre, que nous ne pourrons rien desirer, que nous n'ayons, à la reserve de plus de langues pour pouvoir luy chanter plus de loüanges, où pour luy pouvoir rendre plus de graces de nostre grande felicité. Et même ce desir-là sera aussi-tost accompli que formé, parce que Dieu l'acceptera gratuïtement pour le fait; & hors de là, rien ne defaut aux habitans du Ciel, que le besoin de souhaiter; le bon-heur achevé de leur condition leur rendant les souhaits inutiles, par une possession interieure de tout ce qui peut estre desiré. Alors le temps ayant détruit tout ce qu'il est capable de consumer, ainsi que le feu,

feu, mourra aussi luy-même, & sera
englouti par l'eternité. Or il y a cela
dans l'eternité, qu'encore que nos
joyes, aprés quelques centaines d'années, semblent devoir estre plus â-
gées, ayant esté possedées tant de
siecles ; cependant elles seront toûjours nouvelles, non seulement en
ce qu'elles seront toûjours egalement
agreables, mais aussi en ce qu'elles
seront toûjours également éloignées
de leur fin. Ouy, nostre felicité sera
toûjours nouvelle ; car le degoust est
une marque asseurée d'imperfection,
ou dans l'objet, ou dans l'appetit : le
premier ne peut estre en Dieu, & le
second cessera dans le Ciel, où nostre
joye sera si grande, que la diversité
ne sera pas necessaire pour en faire
une partie ; & s'il se trouve quelque
diversité dans le Ciel, elle consistera,
peut-estre, dans la connoissance que
nous aurons de Dieu, qui ira toûjours
en augmentant, mais non pas à quitter Dieu pour un autre object ; ou
bien il y aura cette diversité, que nous
observons au cou des pigeons quand
nous les regardons fixement, ou que
nous voyons dans les refractions di-
versifiées d'un seul & même diamant,
qui est pur & luisant : Il y a en Dieu,

L 2

s'il

s'il m'est permis de parler ainsi, un identité si foisonnante & si diverse, au regard de ceux qui jouissent de lui, qu'elle satisfait & crée les desirs tout ensemble ; mais c'est une satisfaction qui ne soule pas, & ce sont des desirs qui n'inquietent point : Les autres plaisirs sont comme les habits que nous portons tous les jours, ils s'usent & s'en vieillissent bien-tost ; mais les joyes celestes ont la prerogative des habillemens des Israëlites au desert, ils n'empirent point par l'usage. Et comme l'aiguille amoureuse, estant une fois jointe à l'aymant, ne quitte jamais de son gré le mineral qui la charme, & aprés plusieurs siecles ne s'y tient pas moins estroittement attachée que le premier moment de leur union ; de même, les Saints dans le Ciel, trouvent toûjours leur joye de même goust ; aprés des milions d'années elle leur semble aussi douce & aussi nouvelle que le premier jour, & comme si châque moment estoit le premier de leur possession. Et si leur felicité n'augmente point par continuer à en jouir, c'est, peut-estre, parce que dés le commencement elle estoit incapable d'estre augmentée. Ou bien, s'il est vray que nos

plai-

plaiſirs feront capables d'accroiſſement, il viendra de l'aſſeurance que
nous aurons d'en jouir eternellement, & de continuer dans cette
même joüiſſance renouvellée d'eternité en eternité, & rien ne nous la
rendra plus agreable, que le doux
loiſir qu'elle nous donnera, de l'employer ſans diſtraction à celebrer les
loüanges du Pere d'eternité, & à
vivre dans une condition, dont la felicité conſiſtera davantage à ne pouvoir faire de mal, qu'à eſtre incapables d'en ſouffrir. Enfin nos joyes
feront tellement ſans nombre & ſans
meſure, que nous aurons beſoin de
l'eternité pour les bien gouſter.

SECT. XXVI.

MAis ce n'eſtoit pas mon deſſein,
Lindamor, de vous donner une
topographie particuliere de la Canaan
celeſte; mais bien de vous faire voir
en general, & en peu de mots, que
c'eſt un pays decoulant de laict & de
miel. Et quoy que je ne vous aye fait
qu'une deſcription fort obſcure, &
icy & là, plus poetique, que chorogra-
phique, de ce que l'Apoſtre appelle
l'heritage des Saints en la lumiere, je

 croy-

croy pourtant, que je me ferois peut-
eftre mieux acquité de ma tafche, en
difant que je fuis incapable de le faire
dignement; puis que c'eft une prerogative, refervée à ceux qui font dans
le Ciel, d'en connoiftre la felicité,
afin que nous ayons d'autant plus de
defirs & d'impatience d'y aller pour
le fçavoir par experience : car ce que
l'Ecriture nous à revelé, femble pluftoft eftre pour nous exciter à l'obeïffance, que pour fatisfaire à noftre
curiofité. J'ajoûteray pourtant encore
une proprieté de noftre felicité à venir, c'eft que la multitude des participans ne diminuera nullement la por-
tion d'un châcun; & quoy que ce foit
un heritage public, cela n'empefchera
en rien la proprieté des particuliers;
cét Ocean de felicité eft fi fort fans
fond & fans rives, que tous les Saints
& tous les Anges enfemble ne font
pas capables de l'épuifer; car il eft impoffible à des chofes finies de comprendre ou d'efpuifer l'infini, de même qu'il eft impoffible à quelque
nombre que ce foit de points mathe-
matiques de conftituer & de faire un
corps.

Toutes les regions qui nous envi-
ronnent, joüiffent, auffi-bien que
nous,

nous, de la lumiere du Soleil, & cependant nous n'en joüiſſons pas moins, que s'il n'y avoit que nous à en joüir. Mais il y a une grande difference entre le Soleil de juſtice & le Soleil du firmament ; ce dernier éclipſe, par ſa preſence, toutes les planettes de ſa ſuite ; l'autre quoy que rayonnant d'une ſplendeur infiniment plus grande, au lieu d'éclipſer ſes Saints par ſa preſence, leur communiquera ſon éclat : Car comme dit l'Apoſtre, *quand Chriſt, qui eſt noſtre vie, apparoiſtra, alors auſſi nous apparoiſtrons avec luy en gloire.* Si bien que les éleus en cét égard, ne ſeront pas ſemblables aux Etoiles, qui diſparoiſſent à la venuë du Soleil ; ils ſeront pluſtoſt comme des armes bien polies, ou comme ces groſſes boules de cuivre bruni, dont on pare ordinairement les clochers des Egliſes, qui ne reluiſent point, à moins que le Soleil les frape de ſes rayons, & tout ce feu eſtincelant que l'on en voit ſortir, procede uniquement de ce qu'ils leur ſont expoſez ſans obſtacle. Chaque Saint peut dire à ſon Redempteur, ce que l'Eſpouſe dit au Cantique des Cantiques, *je ſuis à mon bien-aymé, & mon bien-aymé eſt à moy.* Et le bien-heu- Chap. 6. v. 3.

I 4 reux

reux Prophete David dit de ceux, qui mettent leur confiance en Dieu, *qu'ils seront raffafiez de l'abondance de fa maifon, & abruvez au fleuve de fes delices :* Par où il femble nous donner à entendre, que comme quand une multitude de perfonnes boit à une même riviere, pas un d'eux n'eft capable de l'efpuifer, encor que chacun ait la liberté d'en boire autant qu'il peut, ou autant qu'il pourroit, quand il auroit tout feul la permiffion d'en boire : Ainfi quiconque jouït de Dieu, en jouït entierement, ou du moins fi entierement, felon fa capacité, que ce dont il ne jouït pas, luy eft defendu par l'immenfité de l'object, & non pas par la poffeffion antecedente de fes rivaux.

Au refte, les Anges qui font d'une nature differente de la noftre, & qui confequemment font placez au deffus de toute experience perfonnelle de nos fouffrances, & de nos infirmitez, ne laiffent pas de fimpathifer tellement avec nous, qu'ils fe réjouïffent à la converfion d'un pecheur. Et quoy que les membres de l'Eglife militante, & ceux de la triomphante foient fort éloignez les uns des autres, & qu'il y ait autant de difference en leur

leur condition, qu'il y a de distance entre les lieux de leur demeure ; l'Apostre ne laisse pas d'en faire une seule & même famille, qui est au Ciel & en la terre.

Si donc la difference d'habitation, de qualitez, & de conditions, n'empesche pas que ceux qui ayment Dieu ne s'interessent les uns pour les autres; Combien pouvons nous croire qu'il y aura de tendresse & d'amour mutuel entre eux, lors que la charité sera renduë parfaite, aussi-bien que les autres graces qui servent à la fomenter & accroistre? Car le même Apostre, qui pour nous faire concevoir l'estroite alliance de Christ avec ses Saints, & des Saints les uns avec les autres, nous dit, *Qu'il est le Chef, & qu'ils sont ses membres & son corps,* nous enseigne bien clairement d'en faire cette inference, *que si un membre souffre, tous les autres membres souffrent avec luy ; & si un membre est honoré, tous les autres s'en réjoüissent.* Ouy, Lindamor, dans cette condition bien-heureuse, nostre volonté estant renduë parfaitement conforme à celle de nostre Dieu, il n'y aura ny Saint ny Ange aymé de luy, qui ne soit proportionnement aymé de nous.

nous. Et puisque c'est le propre de la parfaite amitié de rendre les afflictions & les prosperitez communes, le bonheur de chaque Saint dans le Ciel, sera le nostre en quelque sorte, & touchera la societé toute entiere des bien-heureux, de même que la terre reçoit une addition de lumiere, par la clarté que le Soleil communique à la Lune & aux Estoiles, selon les Astronomes. Et d'autant que la capacité de chacun de nous, ne répondra pas à l'excez & à la grandeur de la joye, nous serons, par une estrange Arithmetique d'amitié, comme multipliez en autant de personnes heureuses, comme il y aura de Saints & d'Anges dans le Ciel. Nostre union parfaite avec nostre Chef, & la communion reciproque de nous tous, qui sommes ses membres, communiquant à chacun de nous la felicité de tous les autres. Et cette amiable & mutuelle sympathie fera que par une circulation bien-heureuse, la joye que nous recevrons du bonheur de nos freres, augmentera leur felicité, & cette augmentation de leur felicité augmentera encor la nostre.

Mais j'engage insensiblement mes pen-

penſées dans une compagnie ſi agreable, que j'en oublie le ſoin de mes affaires qui m'appellent ailleurs; le temps qu'elles m'a-voient accordé pour vous écrire eſt preſque écoulé, & ſi je continuois plus long-temps à vous perſecuter avec ma plume, je ferois autant de tort à mes intereſts qu'à voſtre patience; il eſt vray que je pourray cy-aprés reparer l'injure que je vous ay faite, en vous entretenant de diſcours un peu mieux elaborez touchant la nature & les devoirs, ou (ſi vous le voulez) touchant les proprietez & les fruits de cét amour, au-quel j'ay déja tâché de vous perſuader; & je puis encore ajoûter aux raiſons que je vous ay données à cét effet, que l'amour que nous donnons aux Creatures eſt un arrhe, mais celuy que nous payons à Dieu eſt un tître; l'un fait que nous ſommes à l'object, & l'autre fait que l'object eſt à nous. De plus, puisqu'il y a dans l'amour une telle vertu magique, qu'elle transfor-me l'Amant en l'object aymé; il ne faut pas legerement dedier une paſſion, qui ſelon qu'elle eſt placée bien ou mal, dignifie ou degrade noſtre nature: & il ne faut jamais avoir pour un moindre que Dieu ce ſubli-me degré d'amour, qui ne peut s'abaiſſer qu'en nous degradant. Je pourrois bien amplifier cét argument-icy, & y en joindre pluſieurs autres, mais je les reſerveray pour le traité que je vous ay promis: & tout de bon, l'amour divin participe ſi fort à la nature de ſon object, que pour y

per-

perſuader, on ne peut pas employer des inductions plus puiſſantes, que celles qui reſultent de ſes propres qualitez. Mais il eſt temps de vous quitter, & comme je ne puis pas le faire en un lieu plus heureux que le Ciel, je ne differeray mon Adieu, qu'autant de temps qu'il en faut pour vous prier de croire, qu'une noble ambition de vous rendre une amitié, qui ſoit digne de la voſtre a tellement augmenté la paſſion que j'avois de vous faire ſervice, qu'à moins que de faire tort à ſa grandeur, je n'aurois pû vous la témoigner, par une moindre entrepriſe, que celle de vous acquerir le plus grand & le plus deſirable de tous les biens, en elevant voſtre amour juſqu'au Ciel; dont il n'y a que les joyes toutes ſeules, qui puiſſent l'emporter ſur celles, dont je joüirois ſi j'eſtois aſſez heureux pour ſervir d'inſtrument à vous les procurer. Je ſuis,

CHER LINDAMOR,

Voſtre tres-fidele, tres-affection-
né & tres-humble ſerviteur
ROBERT BOYLE.

De Leiſe ce 6. d'Aouſt, 1648.

rc.
r des
s qui
lais il
je ne
reux
dieu,
vous
on de
ne de
uffion
qu'a
r, je
une
s ac-
le de
mour
joyes
r fur
heu-
s les

tion-
iteur

rc.